clave

Pedro García Aguado, ex jugador olímpico de waterpolo con medallas en Atlanta'96 y la Copa del Mundo en Perth'98 entre otras, ha participado como coach en los programas *Hermano mayor* y *El campamento* de la cadena Cuatro. También es asesor en adicciones y en trastornos de conducta en la adolescencia. En este sentido, colabora en distintas AMPA y forma parte del grupo de conferenciantes Además Proyectos Solidarios, que organiza congresos de jóvenes con valores en toda España. Junto con Francisco Castaño Mena, es fundador del proyecto Aprender a educar (aprenderaeducar.org) sobre el que imparten charlas para sensibilizar a los padres y educadores. Además, García Aguado da conferencias y directrices en el ámbito de la empresa privada sobre motivación, liderazgo y trabajo en equipo.

Puedes seguir al autor en su canal de YouTube y en Twitter:
www.youtube.com/user/Pedrogarciaguado
@pgaguado

Francisco Castaño Mena es profesor de secundaria del Instituto Les Marines de Castelldefels y, actualmente, también del Pedraforca de L'Hospitalet de Llobregat, donde es pionero en la aplicación de los currículos de tecnología y de tecnología aplicada con alumnos desmotivados. Tiene una gran experiencia en la educación de jóvenes con problemas de conducta, baja autoestima, absentismo escolar, riesgo de exclusión social y apatía, y fracaso escolar, que ha vertido y desarrollado en proyectos como tutor del Aula Oberta durante siete años y como asesor y orientador familiar del Centro Médico Medibaix de Castelldefels y del Centro Tempus de Barcelona, dirigido por Pedro García Aguado.

Puedes seguir al autor en su blog, su canal de YouTube y en Twitter:
francasta.blogspot.com
www.youtube.com/user/francasta
@Francasta

PEDRO GARCÍA AGUADO Y FRANCISCO CASTAÑO MENA

Aprender a educar

DEBOLSILLO

Primera edición en Debolsillo: marzo, 2016

Printed in Spain – Impreso en España

ISBN: 978-84-663-2930-9
Depósito legal: B-786-2016

Compuesto en Anglofort, S. A.
Impreso en Liberdúplex
Sant Llorenç d'Hortons (Barcelona)

P 329309

Penguin
Random House
Grupo Editorial

Este libro lo quiero dedicar a Visi por estar siempre ahí.
A mis conejillos de indias Gaby e Isma; aprendo mucho de ellos.
A mis padres; parte de lo escrito aquí se lo debo a ellos.

FRANCISCO CASTAÑO MENA

Quiero dedicar este libro a todos aquellos padres y
madres que, como Francisco y yo, quieren que sus hijos
sean felices, entendiendo la felicidad como la capacidad
para gestionar la frustración que aparece en los
momentos difíciles, para aceptar las normas
establecidas y saber vivir en sociedad, para no
desarrollar conductas antisociales y para triunfar en su
vida usando valores que sobrevivan a esta sociedad tan
llena de dificultades cada vez más deshumanizada.
Si eres de esos padres que quieren esta felicidad para tu
hijo, ¡¡este libro es para ti!!

PEDRO GARCÍA AGUADO

Índice

Cuando yo tenía 5 años, mi madre me decía que la felicidad era la clave de la vida. Cuando fui a la escuela, me preguntaron qué quería ser cuando fuera mayor. Respondí: «Feliz». Me dijeron que no entendía la pregunta y les contesté: «Ustedes no entienden la vida».

JOHN LENNON

Prólogo

Pedro García Aguado y Francisco Castaño Mena son dos tipos valientes. Ahora se lo explico.

El primero, supongo que a estas alturas de la película habrá pocos que no lo sepan, se hundió en lo personal al mismo tiempo que tocaba el cielo en lo deportivo. Fue campeonísimo del waperpolo y drogadicto. Conoció los extremos de la vida a la vez. Y fue valiente porque quiso y pudo bajar de la cumbre, que, como dicen los alpinistas, es lo más complicado. Y todo eso lo ha puesto al servicio de los demás. ¿Por qué? Porque es valiente. Solo les diré una cosa: cuando pienso en lo que Pedro ha pasado, se me quitan las ganas de sentirme el hermano mayor del hermano mayor.

Francisco Castaño no le va a la zaga en valentía. Es profesor de ESO, un oficio que requiere valor, y ha sido pionero en buscar una vocación a los alumnos desmotivados y tímidos para los estudios. Yo siempre defiendo que los niños, aunque sean problemáticos, tienen que estar en la escuela, que la sociedad debe esforzarse en encontrarles un sitio en el mundo. Lo fácil es expulsarlos y lavarse las manos. Mi experiencia como juez de menores me ha enseñado que todos valemos para algo. Yo he «condenado» a chavales a limpiar cementerios y me lo han agradecido. Nunca se sabe dónde puede haber un sepulturero en ciernes. Por eso digo que Francisco Castaño es valiente, porque se atreve a aportar soluciones para aquellos que, según muchos, no tienen arreglo.

Pero Pedro y Francisco son valientes por más cosas. Por ejemplo, por tener la osadía de titular este libro *Aprender a educar.* Siempre digo que yo no puedo dar recomendaciones para ser un buen padre y educar bien. Lo que sí puedo hacer es dar consejos para formar a un buen delincuente, caso de aquel que dice: «Nunca regañe a su hijo ni le diga que ha obrado mal. Podría crearle un complejo de culpabilidad».

Pues bien, en esta obra que tienen ahora en sus manos, Pedro y Francisco, que son padres, hacen exactamente lo contrario: ofrecen herramientas útiles para formar familias razonables (ya sabemos, o deberíamos saber, que la perfección no existe) y nos llevan de viaje al sentido común, al punto medio en el que habita la virtud. El profesor ya no es ni debe ser aquel señor don Francisco del antiguo Régimen, pero tampoco el «Paquillo» que nos trajo la ansiada libertad. Entre ambos extremos está el equilibrio. Atreverse a encontrarlo es de valientes.

EMILIO CALATAYUD,
Titular del Juzgado de Menores 1 de Granada

1

Por qué enseñar a educar

Lo que se dé a los niños, los niños darán a la sociedad.

KARL A. MENINGER

Nos presentamos

Este libro contiene una historia que, sin ser de ficción, tiene su arte: versa sobre educación y sus protagonistas sois los padres (entendiendo siempre por «padres», «los padres y las madres») y, cómo no, vuestros hijos. Queremos que sea una historia directa, fácil de entender, alejada precisamente de la casi ciencia ficción o teoría que se queda en el aire de los manuales de pedagogía. Porque, para nosotros, el día a día motivando y enseñando a niños y adolescentes, más que una ciencia es un arte.

A Pedro García Aguado lo conocéis por el programa de televisión *Hermano mayor*, donde aplica las pautas de las que hablamos en estas páginas, aunque sea para casos de chavales en situaciones un poco más extremas. Él mismo dejó de ser un campeón olímpico del waterpolo español para caer en un pozo sin fondo del que supo salir gracias a su empeño, y que podéis conocer gracias a otro libro, *Mañana lo dejo*. Su paciencia, honradez, franqueza y experiencia, además de todo lo que aprende de sus hijas Claudia y Natalia, le sirven para poner su especial granito de arena en el proyecto «Aprender a educar».

Francisco Castaño Mena, que no se queda atrás en cuanto a tratar chicos con problemas (entendiendo siempre por «chicos», «los chicos y las chicas»), lo hace desde las aulas de secundaria. Profesional de la educación y orientador, ve a diario cómo encaran la vida sus alumnos y qué relación tienen con sus padres. Durante todos estos años, ha indagado en las raíces de los conflictos, y su conclusión es que los jóvenes no son malos, sino que no se les ha educado bien. En casa, sus hijos Ismael y Gabriel puede decirse que, a su vez, son sus profesores. Es de los que piensan que es mejor prevenir que curar, y por ello cree firmemente en el proyecto «Aprender a educar», que difunde con Pedro García Aguado a través la página web aprenderaeducar.org, de su gabinete de orientación y de los talleres para padres que ofrece en el Centro Tempus, y de la conferencia «Aprender a educar: cómo hacer de nuestros hijos personas felices».

Este libro es el reflejo de esa conferencia a dos voces de la que ya han disfrutado padres, abuelos, cuidadores y educadores de todos los ámbitos en muchas ciudades españolas.

Objetivo: sensibilizar, prevenir o evitar
(si es preciso: detectar, actuar)

El gran escritor Oscar Wilde, que pese a su talento y lucidez no lo tuvo nada fácil en su época para que aceptaran su forma de ver el mundo, afirmó aquello de que «el mejor medio para hacer buenos a los niños es hacerlos felices». Le damos no solo la razón, sino que añadimos que esta felicidad es posible porque TODO SE EDUCA.

Nosotros partimos de que es la educación familiar lo que protege a los niños de las dificultades, de que fracasen en los estudios, se expongan a las drogas o a otras conductas de riesgo, o tengan problemas de comportamiento. Es decir, que si los padres adquirimos habilidades educativas y nos entrenamos a fondo en establecer normas y límites con claridad y cariño, podremos mejorar las relaciones familiares y evitarnos —todos, los mayores y los menores— los malos tragos. Bueno, lo decimos nosotros, y también infinidad de estudios e investigaciones. De hecho, la idea que fundamenta nuestra labor es el dato nada alentador de que, según nuestra experiencia profesional, el 98 % de los jóvenes con trastornos de conducta reciben una educación inadecuada o ineficiente. Sí, sus padres se emplean como pueden, pero no saben hacerlo. Pensemos que, al igual que no por tener un piano ya sabemos tocarlo, tener un hijo no nos convierte en educadores experimentados.

Solemos recurrir a los métodos de enseñanza de siempre o, mejor dicho, de antes (la letra con sangre entra) y hoy esos métodos ya no sirven, porque actualmente nos encontramos en el polo opuesto (permisividad casi total). Pues no. Ni el «Con una mirada de mis padres, ya me callo» ni el «No te preocupes, hijo mío, que nos encargamos de todo». Estamos en tierra de nadie porque estos métodos no funcionan. Cierto es que en los años que corresponden a la educación primaria podemos controlar a nuestros hijos, pero la adolescencia comporta verdaderos retos. Es importante que aprendamos a educar desde que son muy pequeños como forma de **prevenir** posibles conductas problemáticas de los chicos.

Pero tranquilos, que no pasa nada. Toda conducta es reconducible. Aprender a educar es fácil. Aunque necesitamos que los padres sean conscientes de ello para empezar a trabajar juntos.

Los chicos que pasan por el gabinete de orientación, y que cada día son más jóvenes porque la adolescencia se ha adelantado a los 11 o 12 años, acuden con sus padres porque ya padecen trastornos de conducta. Llegan a nosotros para que detectemos el problema y actuemos para zanjarlo o mejorarlo. **Detectar** qué sucede implica hilar fino.* De pequeños, supone distinguir entre la rabieta y la necesidad real; de adolescentes, conlleva darnos cuenta de cuándo se pasan de la raya con comportamientos de riesgo, como el consumo de drogas, por ejemplo. **Actuar** se traduce en poner normas y límites. ¡Cuánto malestar de padres e hijos nos ahorraríamos si previniéramos en lugar de tratar y curar!

*Un vídeo interesante en su canal de YouTube, http://www.youtube.com/watch?v=YDjHQ_bS7hQ. Pedro nos cuenta cómo diferenciar la rebeldía y la mala conducta

Es verdad que cierta dosis de rebeldía es saludable y humana en la adolescencia, en especial para desvincularse de papá y mamá, los referentes entre los 0 y los 12 años, ganar espacio personal y construir un juicio crítico. Con todo, esa rebeldía debe ser equilibrada y dar lugar a aceptar normas, límites. Cuando un adolescente se cree el centro del universo y desatiende cualquier indicación, existen una serie de síntomas descritos por los especialistas que podemos sopesar.

Un niño bien educado es un niño seguro, autónomo, responsable, que sabe qué hacer ante una buena o una mala situación, que gestiona la realidad a partir de unos valores y, sobre todo, que sabe encajar el fallo y la frustración. Nos tenemos que hacer a la idea de que no podremos evitarle el sufrimiento, y que nuestro papel es enseñarle a manejarlo. Por mucho que deseemos que nos quieran y les queramos, la vida no es de color de rosa. Un niño bien educado se convertirá en un adulto feliz, como lo son sus padres cuando lo ven así de resuelto.

Aprender a educar equivale a avanzarnos a los disgustos y preocupaciones, hablar de ellos antes de que nos sorprendan, con el fin de obtener las herramientas que nos permitan detectarlos y actuar si aparecen. Queremos, en definitiva, **sensibilizar** a los padres sobre la importancia de guiar a los niños en su crecimiento. Y sin fórmulas secretas, solo con pautas, nunca mejor dicho, de «ir por casa». Con afecto, normas, valores y buenos hábitos.

En este libro, antes de llegar al capítulo sobre las normas y los límites, nos gustaría explicar con detalle todo lo mencionado hasta ahora: el contexto o, lo que es lo mismo, cómo ha cambiado la educación en los últimos veinticinco años, en la familia y en el colegio. Este cambio radical nos ayudará a entender muchas cosas, al igual que con las definiciones de los tipos de padres de hoy. ¿Os reconocéis protectores, autoritarios, o comprensivos? Otro refrán apunta que «de tal palo, tal astilla», así que no está de más mirarnos al espejo para ver las consecuencias de nuestro estilo educativo.

Se habla mucho en los últimos tiempos de que se han perdido los valores, aunque curiosamente, al preguntar qué son, quién los inculca y cómo se enseñan y ponen en práctica, pocos tienen una idea clara del asunto. En este cambio que describimos, estamos convencidos de que la recuperación de los valores es una asignatura pendiente, y por eso os invitamos a estudiar el breve diccionario que hemos confeccionado en el capítulo 4 del libro.

Por supuesto, no pueden faltar las pistas para ayudarles a sacar el máximo rendimiento a sus estudios y capacidades, y a olvidarse de la sombra del fracaso escolar.

¿Preparados? ¿Listos? A formarnos...

2

La sociedad ha cambiado,
el sistema educativo no

Para educar a un niño hace falta la tribu entera.

Proverbio africano

DEL SIGLO XX AL SIGLO XXI: EN CINCO DÉCADAS HEMOS PASADO DE LLAMAR AL PROFESOR «SEÑOR DON FRANCISCO» A LLAMARLO «PACO» O «TÍO». ¿FUNCIONA?

Como profesor y como orientador, respectivamente, nos quejamos y observamos algo con increíble claridad: el sistema educativo apenas ha variado en las últimas décadas. Sin embargo, la sociedad sigue su camino, unos cuantos pasos por delante. Un desfase absurdo cuyos regalos son el fracaso escolar y el conflicto. Con independencia de LOE, LOGSE o Ley Wert, tendría que ser al revés. Deberíamos actualizar el sistema educativo y que los chicos salieran de las aulas listos para saltar a un mundo como el que han aprendido en clase.

Estamos enseñando con libros, cuadernos y pizarras de

tiza, mientras que ellos son nativos digitales. Pese a que seguimos apostando por la cultura del esfuerzo, si identifican libros con trabajo y ordenador con juego, poco podemos ganar. El ordenador tendría que entrar en clase como herramienta, no como competencia del profesor. Lo dicho, claramente algo falla. Corroboramos, como afirma sir Ken Robinson, experto mundial en temas de educación y creatividad, que los sistemas educativos, más que cambiar, deben transformarse, ir de la mano con los tiempos y las costumbres.

Si tenemos en cuenta que la educación comienza en casa, y en casa nos entregamos con pasión a los deseos de nuestros hijos, transmitimos que la cultura del esfuerzo es inútil. Prevalece la libertad, y los padres queremos ser más amigos de los hijos que padres. Los niños de hoy son el fruto de una educación muy flexible y laxa. Muchos de ellos no saben cómo suena ni qué significa un «no», así que nos podemos imaginar su reacción ante una negativa: frustración, pataleta, abandono, tristeza. Hay que enseñar a saber perder para saber ganar, algo que Pedro, como deportista profesional, tiene muy interiorizado y que le ha ayudado a sobrellevar y a superarse en los momentos difíciles. Y algo que Francisco transmitió en el proyecto «Aula Oberta», a través del entrenamiento ciclista o de jornadas de trabajo real dirigidas a que los alumnos sepan lo que cuesta salir adelante.

Nuestros padres, hoy abuelos, y hasta los progenitores menos veteranos de hoy, vivimos la escuela autoritaria. Allá por los años sesenta, setenta y ochenta del siglo pasado nos repetían hasta la saciedad: «Primero la obligación, y después la devoción». El deber era tal que las tareas de casa recibieron un nombre muy expresivo: deberes. No cabía nada más allá del respeto, el silencio y la obediencia a los padres y a los profesores. ¿O no recordamos a los «señores don» y «señoras doña» como profes de matemáticas, lengua o manualidades? No había ninguna autoridad que nos mirara desde nuestra misma altura; nos observaban y dominaban desde muy arriba. Incluso se temía algo impensable en las aulas actuales: el castigo físico.

En el siglo XXI, el máximo contacto físico que podemos adivinar vagamente es una palmadita en el hombro, la del colegueo entre alumno y profesor, quien ya no es ni don ni señor, sino un nombre de pila. O un diminutivo. O una onomatopeya, más o menos cariñosa. La década de los noventa y de los 2000 son los años de la supuesta democracia educativa, en la que cuenta la igualdad, el derecho de opinión sobre todas las cosas de los estudiantes, la diversión entendida como creatividad... y ninguna obligación y escasos deberes, en todos los sentidos.

¿Cuál es el rasgo esencial que se ha perdido por el camino? Diríamos que la cultura del esfuerzo. Antes, el esfuerzo equivalía a supervivencia, mientras que ahora es una manera de autocongratularnos. Si nos esforzamos y triunfamos, nos valoramos y nos valoran más. Puesto que tenemos de todo, materialmente hablando, el esfuerzo en la sociedad de consumo (que es la sociedad de nuestros hijos) no vale si no hay satisfacción inmediata. Prima el «todo fácil», un cuerpo perfecto, un electrodoméstico multiusos, un champú que repara la melena, saber inglés en una semana... ¿Para qué esforzarnos si el mundo está a nuestros pies? Esforzarse es casi cosa de héroes. O, según algunos, de tontos.

Veámoslo. En el documental *El llegat de Sísif* («El legado de Sísifo»), el psicólogo Carlos Sánchez describe de forma gráfica e interesante esta evolución de los valores en cada una de las cuatro generaciones de la actual sociedad española:

- Los abuelos. Vivieron la posguerra, la escasez y la reconstrucción basada en valores como el esfuerzo y la obediencia.
- Sus hijos, protagonistas de la Transición, son la generación que quería cambiar el mundo mediante el esfuerzo y la lucha por unos ideales.
- La generación del *baby boom*, la más numerosa de la historia de España y frustrada en un mundo laboral saturado, desprofesionalizada porque no todos pueden acceder a puestos para los que se han formado. Son los estandartes del sobreesfuerzo para lograr un proyecto de vida.
- La generación Nintendo, los hijos deseados de los padres del *baby boom*, los reyes sin corona que conviven naturalmente con la tecnología y no esperan por nada. Solo valoran la calidad de vida y el cortoplacismo y reniegan del esfuerzo. Asocian esforzarse a la cultura de la rentabilidad, la productividad y la producción de sus abuelos y padres, opuesta al bienestar personal.

Visto lo visto, si el esfuerzo consume tiempo y no hay garantías de que te conduzca más allá de lo que han sufrido los adultos, no hay razón para ser algo de mayor, ¿verdad?

El anterior sistema autoritario, eficaz pero quizá asfixiante en muchos aspectos, se apagó, y la luz que encendimos a cambio fue la de otro sistema centrado en los derechos del niño y en la libertad como valor predominante. ¿Por qué? Porque antaño, los niños llegaban y lo que importaba era que crecieran sanos, fueran buenas personas y se ganaran la vida. Nos guiaba el objetivo. Hoy, nos preocupa el bienestar de un niño deseado y con fecha de llegada planificada, mimado, protegido y colmado de TODO. A este niño-rey-de-la-casa solo tenemos que procurarle diversión. Y, ay, tropezón: el aprendizaje puede ser divertido, pero conlleva esfuerzo.

El cambio continuo de las leyes educativas no tiene lógica, ya que la educación es cultura, y la cultura no cambia de la noche a la mañana. Encima, estas mismas leyes conservan el viejo precepto del valor del esfuerzo... junto a un método de calificación que perdona hasta tres suspensos a la hora de pasar de curso.

¿Cómo arreglar este lío?

José Antonio Marina, filósofo y escritor que ha estudiado la inteligencia y los mecanismos de la creatividad, da una buena opción: «Lo mejor es promover una cultura de la excelencia, en la que cada cual desarrolle sus capacidades y talentos propios. En esta cultura, el esfuerzo es un medio, no un fin».

Este reto incluye un cambio de mirada significativo respecto a dos novedades: la integración de las nuevas tecnologías y la colaboración entre padres y profesores.

COLEGIO Y PADRES ATERRIZANDO EN LA ERA DIGITAL, VIRTUAL Y CIBERNÉTICA

Que adultos y niños y adolescentes jugamos en ligas diferentes se evidencia al hablar de las nuevas tecnologías. Ellos rozan la incomunicación verbal en pos de la mensajería gratuita y de las redes sociales. Hasta el punto de que hemos conocido a una pareja de chavales que se pidieron para salir por WhatsApp, que intimaban mensaje arriba, mensaje abajo, pero que ni se cruzaban la mirada en los pasillos del instituto porque se morían de la vergüenza.

En este marco de socialización virtual, el sistema educativo pierde fuelle, como ya hemos explicado. La crisis de valores como el esfuerzo, sumada a la dispersión y a los infinitos estímulos de la oferta online alimentan el fracaso escolar. En clase, nos llama la atención que los chicos están muy alejados de la realidad. Pretenden ser ricos, ejercer puestos de responsabilidad y poder gozar de prestigio, y en sus planes no entran ni el sacrificio ni el trabajo. He ahí la contradicción. Lo ven en los medios, todo resulta sencillo en una vida de fábula que no calculan cómo cuesta de materializar.

Es hora de reciclarnos. Debemos familiarizarnos con estas nuevas tecnologías, revisar y filtrar los contenidos a los que se exponen los niños y los adolescentes. En el colegio, que se trabaje (y no solo se juegue) con un ordenador o una tablet, y que el móvil se calle. Apostamos por la alianza con la era digital, y no por la destrucción masiva del aprendizaje. En el capítulo 6, os ofrecemos ejemplos y consejos de cómo introducir y usar todas las maquinitas en conjunto con nuestros hijos y alumnos.

REPARTIENDO LOS PAPELES ENTRE PADRES Y ESCUELA. TODOS SOMOS EDUCADORES

En otras épocas, que nos amonestaran o riñeran en la escuela era motivo de escarnio familiar. Papá y mamá nos salían con lo de «Algo habrás hecho, hijo», y se mostraban cómplices de los profesores. En estos días, la desunión dinamita cualquier intento de fuerza. Los padres se enfrentan a los docentes y los profesores increpan a los padres. En medio, los niños, expuestos como ya hemos explicado, sin el filtro del colegio ni de los padres, a otras fuentes de educación poco razonables, como la televisión e internet.

Hemos empezado el capítulo con un estupendo y gráfico proverbio africano: «Para educar a un niño hace falta la tribu entera», y la tribu somos todos, unidos. En la línea de

José Antonio Marina, pensamos que los padres no pueden educar sin la escuela, y la escuela no puede educar sin los padres. El colegio ha perdido la batalla, porque estos nuevos padres, preocupados por el bienestar y la libertad de los niños, se ponen de parte de sus vástagos y desautorizan a los profesores.

Lo que enciende la polémica, la confusión o el autoengaño son las tareas de cada parte implicada. O eso parece. Como si visualizáramos una fisura en la luna de un coche, existe una distancia entre padres y escuela. Sabemos que una marca en el cristal suele acabar en rotura, pero en el tema educativo nos podemos ahorrar el estropicio si estamos en el mismo bando. Tenemos que formar equipo en la educación de los niños.

La familia es el eje de la vida de los niños. En el hogar, que es el contexto de referencia, formalizan sus primeros vínculos y afectos, desarrollan sus habilidades y aprenden formas de relacionarse, cuidarse, organizarse y cooperar. En casa deben sentirse seguros y confiados. A posteriori, en la escuela, estos hábitos y formas de gestionarse les serán útiles para ampliar su contexto emocional. Los centros educativos, más allá de tener la función de impartir conocimientos, son el primer ámbito de socialización de los más pequeños.

En el colegio, los niños despliegan las habilidades que llevan aprendidas de casa, por lo que los profesores deben contribuir a continuarlas y mejorarlas en colaboración con las familias.

Ni los padres pueden educar solos, ni la escuela puede

educar sola. La unión y la colaboración hacen la fuerza: formar a niños responsables, que se interrelacionan mejor y tienen un buen rendimiento escolar.

Los padres educamos con lo que hacemos y decimos, pero también con lo que no hacemos ni decimos. Nos preocupamos mucho porque nuestros hijos estén bien en el presente, que no sufran, que no los castiguen, que no suspendan. Pero no nos preocupamos por el futuro. En muchos casos, no estamos de acuerdo con la metodología de los profesores y eso hace que estemos cargando las tintas constantemente contra ellos, desautorizándolos y eximiendo de toda responsabilidad a los hijos. Obviamos el hecho de que sus profesores pasan muchas horas con ellos y que tienen una gran responsabilidad en la educación de los chicos.

Hemos de confiar en la buena predisposición del profesor. Podemos estar o no de acuerdo con él, pero seguro que las decisiones que toma el profesor son las que cree mejor para el niño. Hemos de ir a una para que el niño sepa a qué atenerse en cada momento y evitemos generar esa fisura entre casa y colegio que el niño o el adolescente pueda utilizar para salirse con la suya y no cumplir con alguna de sus obligaciones.

El mayor problema entre la relación familia-escuela es la falta de comunicación.

En la consulta, Francisco les dice a las familias que no le gusta «lavar la cara a nadie», o sea, que como profesor dice lo que tiene que decir a la cara, por el bien del chico. En la comunicación con la escuela, los padres deben buscar un lenguaje claro y mostrar **confianza**. Todo es por el bien de vuestro hijo.

Quizá os sorprenda saber que no hace tanto que se ha creado la figura del Defensor del Profesor, promovida por el sindicato ANPE (Asociación Nacional de Profesores Estatales). ¡Cómo tienen que estar las cosas para haber recurrido a crear esta figura! Relataremos una anécdota que vivió Francisco para que seáis conscientes. En una ocasión tuvo que mediar entre un padre que quería agredir a un profesor y este, por haberle quitado la libreta de matemáticas a su hija en clase de tecnología: una chica estaba haciendo los deberes de matemáticas en clase de tecnología. El profesor le pidió en varias ocasiones que dejase de hacer los deberes en clase y ella no obedeció. Entonces el profesor le cogió la libreta de matemáticas y se la llevó a su mesa. La niña, de 13 años, salió de clase enfadada y se fue a casa a buscar a su padre. Este se presentó en la clase con intención de agredir al profesor y Francisco tuvo que pararle los pies para que no le pegara. El padre persiguiendo al profesor por toda la clase, delante de los alumnos, y otro profesor intentando parar a ese padre. ¿Qué autoridad le quedaba al profesor de tecnología?

Tenemos muchas responsabilidades en nuestra vida cotidiana, pero si la educación de los hijos es importante, hemos de participar activamente en ella. En las tutorías con el profesor, las AMPA (asociaciones de madres y padres de alumnos) y en las reuniones de padres suelen participar pocas madres y casi ningún padre. No hay nada más desolador que una reunión de padres de inicio de curso y que solo acuda a la cita un 30 % de las familias.

En las tutorías deberían estar presentes, en el caso de familia tradicional, el padre y la madre. Es cierto que a veces es difícil conciliar vida familiar y laboral. De hecho, el Estatuto de Trabajadores no incluye ningún tipo de permiso para atender las citas escolares. Hay un vacío legal en este sentido, y muchos padres podrían acogerse a los permisos para asuntos propios o los días de libre disposición (según convenio) para asistir a las reuniones del colegio.

En la actualidad, solo los empleados públicos con hijos discapacitados psíquica, física o sensorialmente pueden acceder a un permiso, en el marco del Plan Concilia, para gestionar asuntos con los centros educativos. Por su parte, tampoco los centros están obligados a establecer un horario de atención a los padres a petición de los progenitores. Así pues, sería de gran ayuda que la ley potenciara que se regulara el derecho a permisos por cada hijo en edad escolar.

Debemos buscar vías de acercamiento entre la familia y la escuela como, por ejemplo, las que ofrecen las nuevas tecnologías. ¿O no podrían facilitar la relación de ambas partes educadoras los e-mails, las redes sociales, los foros, la mensajería gratuita tipo WhatsApp? Los profesores tienen que pedir a las familias que formen parte de su trabajo, y tanto docentes como padres deben mantener una actitud abierta, cercana y colaborativa. Así lo vemos nosotros.

Un vídeo interesante en aprenderaeducar.org
Fragmento de la película *De mayor quiero ser soldado*

En el despacho del profesor, unos padres se muestran irónicos
e incrédulos ante la conducta agresiva de su hijo. Descubrire-
mos por qué el niño decora su habitación con esvásticas o
piensa que el mundo es una guerra en la que todo vale.

Dos dilemas educativos muy de moda:
traumatizar y manipular

El fenómeno del niño rey, en el que invertimos como quien
invierte en una cartilla de ahorros, sin hacerle caso a más
beneficios que los que este monarca obtiene, muestra cómo
hemos ido de un extremo al otro. De cómo antes, si no
te querías comer la sopa, merendabas o cenabas sopa, o te
ibas a la cama con un agujero en el estómago. Y de cómo
hoy, si el niño no quiere sopa, le preparamos bistec con
patatas y un flan de postre.*

*Un vídeo interesante en aprenderaeducar.org
El juez de menores don Emilio Calatayud cuenta cómo se
vive hoy la paternidad y la maternidad

Con su humor característico y con gran sutileza, don Emilio
narra la vida de un niño y de sus padres desde que nace hasta
cuando se supone que debe volar del nido paterno... o no.

Parece que la diferencia entre un padre permisivo o uno comprensivo se nos escapa. Lo analizamos con más miga en el próximo capítulo, porque el matiz tiene consecuencias para los adultos y para los jóvenes. Como avanzadilla, podéis echarle un vistazo a esta lista que publicó Kari Kampakis en su blog y reflexionar un poco:

---

10 errores comunes que cometemos los padres de hoy

Hace tiempo, me topé con algunos artículos y libros interesantes que examinaban lo que los psicólogos observan en la actualidad: cada vez más veinteañeros están deprimidos y no saben por qué. Estos jóvenes adultos afirman que su infancia fue espectacular. Sus padres son sus mejores amigos. Nunca han experimentado una tragedia en sus vidas ni nada que se salga de cualquier decepción habitual. Pero, por alguna razón, son infelices.

Una de las razones que se dan es que los padres de hoy no queremos que nuestros hijos se caigan, por lo que, en vez de dejarles que experimenten la adversidad, les allanamos el terreno. Así que, aunque parece que les estemos haciendo un favor, en realidad les estamos obstaculizando el camino, su crecimiento. Estamos anteponiendo las recompensas a corto plazo sobre el bienestar a largo plazo.

La pregunta es la siguiente: ¿acaso estamos impidiendo que nuestros hijos sean felices de mayores por el hecho de protegerles de la infelicidad cuando son pequeños?

Aunque me parece muy bien que los padres de hoy en día se impliquen más en la vida de sus hijos, esta implicación no debería extralimitarse. Mi lema sobre la paternidad dice así: «Prepara a tu hijo para el camino, no el camino para tu hijo».

Dicho esto, he elaborado una lista con los diez errores más comunes que cometen los padres en la actualidad (incluyéndome a mí):

Error n.º 1: Adorar a nuestros hijos. Nos entusiasma hacer cualquier cosa por ellos, hacerles regalos, cubrirles de amor y de atenciones. No obstante, creo que es importante tener en cuenta que nuestros hijos han sido creados para ser amados, no idolatrados. Por tanto, cuando les tratamos como si fueran el centro del universo, creamos un falso ídolo. En vez de un hogar centrado en los niños, deberíamos intentar centrarnos más en el amor. Así, nuestros hijos se sentirán queridos, pero entenderán que en el amor, el altruismo va por encima del egoísmo.

Error n.º 2: Creer que nuestros hijos son perfectos. Una cosa que suelo oír de los profesionales que trabajan con niños (orientadores o maestros) es que los padres de hoy en día no quieren oír nada negativo sobre sus hijos. Cuando se menciona la palabra «preocupación», o «problema», la reacción suele ser atacar al mensajero. La verdad a veces duele, pero cuando escuchamos con la mente y el corazón abiertos, nos mostramos dispuestos a mejorar. Así, podremos intervenir antes de que la situación se nos vaya de las manos. Es más fácil tratar a un niño problemático que reparar a un adulto destrozado.

Error n.º 3: Vivir a través de nuestros hijos. Cuando nuestros hijos se convierten en una extensión de nosotros, puede que los veamos como nuestra segunda oportunidad. Pero no se trata de ellos, sino de nosotros. Llega un momento en el que su felicidad empieza a confundirse con la nuestra.

Error n.º 4: Tratar de ser el mejor amigo de nuestro hijo.
Si quiero hacer bien mi trabajo, tengo que aceptar que se enfaden y que a veces no les gusten mis decisiones. Pondrán los ojos en blanco, se quejarán y desearán haber nacido en otra familia. Pero tratar de ser el mejor amigo de tu hijo solo puede llevar a una permisividad excesiva, y a que tomes decisiones desesperadas por temor a no contar con su aprobación. Esto no es amor, sino necesidad.

Error n.º 5: Entrar en una competición por ser el mejor padre. Todos los padres llevan algo de competitividad en las venas. Lo único que necesitan para despertar al monstruo es que otro padre ponga a su hijo por encima del suyo. Tememos que nuestros hijos se queden aparte. Tenemos miedo de que, si no nos ponemos serios e intervenimos para pararle los pies a cualquiera, se sumirán en la mediocridad para el resto de su vida. Creo que los niños tienen que esforzarse y entender que los sueños no se cumplen así como así, que para ello tienen que trabajar y luchar. No obstante, si fomentamos una actitud de «ganar cueste lo que cueste» y les permitimos que empujen a otros niños para conseguir ser los primeros, la cosa se nos estará yendo de las manos.

Error n.º 6: Olvidarnos de lo maravilloso que es ser niño.
Criar a niños pequeños puede ser un trabajo duro y monótono. A veces, es tan agotador física y emocionalmente que nos encantaría que se hicieran mayores cuanto antes. Por otra parte, también tenemos curiosidad por saber cómo será su crecimiento. Cuando proyectamos su futuro, podemos llegar a olvidarnos de disfrutar de lo realmente bueno: los cuentos de antes de dormir, los pijamas de una sola pieza, las cosquillas en

la barriga y los gritos de alegría. A veces, nos olvidamos de dejar que nuestros hijos se comporten como niños y disfruten de su infancia.

La presión sobre los niños comienza demasiado pronto. Si queremos echar una mano a nuestros hijos, tenemos que protegerles de estas presiones. Hay que dejar que disfruten y crezcan a su propio ritmo, así que, en primer lugar, deben explorar sus intereses sin miedo al fracaso y, en segundo lugar, no tienen que sentirse agobiados.

Error n.º 7: Criar al hijo que queremos, y no al que tenemos. Como padres, nos creamos una imagen propia de nuestros hijos. Esta imagen comienza a confeccionarse en el momento del embarazo, antes incluso de saber el sexo del bebé. En secreto, deseamos que el niño se parezca a nosotros, pero un poco más inteligente y con más talento. Queremos ser su ejemplo y modelar su vida siguiendo el patrón de la nuestra.

Sin embargo, los niños suelen seguir su propio modelo y, además, desconfiguran los nuestros. Al final, son como nunca los imaginamos. Nuestro trabajo consiste en descubrir sus dones innatos y en tratar de guiarlos por el buen camino. Ante todo, inculcarles nuestros propios sueños no va a funcionar. Solo si entendemos quiénes y cómo son, podremos tener un impacto en sus vidas.

Error n.º 8: Olvidar que los hechos pesan más que las palabras. Cómo respondo al rechazo y a la adversidad... Cómo trato a mis amigos y a los desconocidos... Si me peleo con su padre o si nos apoyamos mutuamente... Ellas se dan cuenta de todas estas cosas. Y mi actitud les da permiso para comportarse de la misma manera.

Si quiero que mis hijas sean maravillosas, yo también tengo que aspirar a lo mismo. Tengo que ser la persona que espero que sean ellas.

Error n.º 9: Juzgar a otros padres... y a sus hijos. Independientemente de lo mucho que difieras en la forma de educar que tienen otros padres, no es tu misión juzgarlos. Nadie es completamente bueno ni completamente malo; todos somos un poco de todo, todos luchamos contra nuestros propios demonios. Nunca sabemos por lo que alguien está pasando, ni cuándo nos veremos en una situación parecida. Aunque, en ocasiones, no podamos evitar tener nuestros prejuicios, deberíamos controlarlos y tratar de entender a la otra persona en lugar de llegar a conclusiones precipitadas.

Error n.º 10: Subestimar el CARÁCTER. Si hay una cosa que espero hacer bien con mis hijas es conseguir que tengan un buen CORAZÓN. El carácter, la fibra moral y una brújula interna son los cimientos que forman la base para un futuro feliz y saludable. Esto es más importante que cualquier boletín de notas o que cualquier trofeo que ganen.

Nadie puede exigir un carácter concreto a sus hijos, y más teniendo en cuenta que el carácter no significa mucho a la edad de 10 o de 15 años. Los niños de esa edad se preocupan por las recompensas a corto plazo, pero nosotros, como padres, conocemos mejor la historia. Sabemos que lo importante con 25, 30 o 40 años no es lo lejos que lanzaste una vez un balón o si fuiste animadora, sino cómo tratas a los demás y qué piensas de ti mismo. Si queremos fomentar el carácter, la confianza, la fuerza y la resiliencia, tenemos que dejar que los niños se enfrenten a las adversidades y que experimenten el orgullo que se siente al salir reforzado de una situación difícil.

Criar con permisividad tiene sus demonios. ¿O no se nos eriza el vello de los brazos si pensamos en que podemos traumatizar a los niños? Y, al tiempo, nos preguntamos cómo gestionar que nos manipulen y no sabemos cómo pararles los pies. Nos referimos a los casos que Pedro ha visto en los programas de televisión. Se trata del Síndrome del Niño Emperador, un trastorno que en la mayoría de los casos lo sufren niños con carencias educativas. Son niños con un carácter violento, que gritan, insultan a los padres y logran controlarlos e imponer sus exigencias. A medida que crecen, el síndrome se hace más evidente y puede derivar en maltrato y agresiones físicas. Diversos artículos aparecidos recientemente en la prensa de nuestro país arrojan el dato preocupante de que hasta un 40 % de los adolescentes tienen conductas agresivas en el hogar y que han aumentado en un 17 % las denuncias por violencia filio-parental.

Los padres parecen temer más que no les quieran o que los niños sufran que a que se puedan convertir en tiranos. Con todo, tratarlos como víctimas puede potenciar que se conviertan en verdugos. «Traumatizar» y «manipular», esas palabras tan comunes en nuestro vocabulario diario. ¿Conocemos su significado real?

TRAUMATIZAR: Cuando un hecho o experiencia mantiene un recuerdo negativo y produce angustia, infelicidad, rabia... porque la vida o la integridad física del niño se ha visto amenazada, nuestro hijo está traumatizado. Un «no» no es un riesgo, así que en la educación, un «no» no mata, sino que hace más fuerte. Desde pequeños, los niños deben asumir que no van a conseguirlo todo en la vida. El verdadero trauma es que de mayores no sepan gestionar sus sentimientos, en especial los negativos. Aprender del sufrimiento se enseña, no se evita.

MANIPULAR: Algunos niños, cuando quieren conseguir algo, usan diversas estrategias, en función de cómo sean sus padres. Se enfadan, mienten, negocian o manipulan.* Si quieren dormir en la cama con sus padres, se hacen los enfermos, cuentan que tienen miedo, llaman sin cesar hasta que lo consiguen. Si quieren un juguete, comentan que lo tienen sus amigos, que lo necesitan para poder ser iguales que los otros. Incluso pueden decir a alguno de sus padres que no le quieren o que quieren más a sus hermanos. Cualquier estratagema que haga sentir culpables a sus padres y a poder salirse con la suya es válida. Son muy hábiles y saben atacar los puntos débiles de sus progenitores.

> *Un vídeo interesante en aprenderaeducar.org
> Vídeo de un niño pequeño en plena rabieta... ¿o en plena actuación merecedora de un Oscar?
>
> El niño llora, grita y se deja caer al suelo cual futbolista en la Champions League. Observemos cómo reaccionan sus padres.

En este punto, los padres deben saber que sus hijos tienen derechos, pero también tienen deberes para con ellos.

Derechos y deberes, como padres y como hijos

El modelo del bienestar nos despista un poco. Un rey, claro, tiene sus súbditos, incluso a veces esclavos de su tiranía si no se le limita. Al tener en cuenta exclusivamente los derechos del niño y no exigirle sus deberes (que se quedaron anclados en el estilo educativo de los tiempos de los bisabuelos y los abuelos), nos exponemos a que campen a sus anchas. A que tropiecen con una piedra y no se sepan levantar.

Nuestros hijos nos deben respeto y obediencia. No es tan difícil, ¿no? Eso es lo que nos tienen que demostrar si nos quieren. Porque el buen comportamiento se educa, y el mal comportamiento se aprende si soltamos cuerda.

Para cerrar este capítulo, queremos recordaros lo que la ley mantiene respecto a los derechos y deberes de padres e hijos. Subrayamos lo importante. Después de leerlo, estamos seguros de que os pasará por la mente que algunas cosas podrían cambiar en casa. No vendrá mal entonces un examen de los estilos educativos que proponemos en el capítulo que sigue.

Derechos y deberes de los padres y de los niños

- El Código Civil dice en sus artículos 154 y 155:

Artículo 154:
Los hijos no emancipados están bajo la potestad de sus progenitores.

La patria potestad se ejercerá siempre en beneficio de los hijos de acuerdo con su personalidad, y comprende los siguientes deberes y facultades:

1. Velar por ellos, tenerlos en su compañía, alimentarlos, educarlos y procurarles una formación integral.
2. Representarlos y administrar sus bienes.

Si los hijos tuvieren suficiente juicio deberán ser oídos siempre antes de adoptar decisiones que les afecten.

Los padres podrán en el ejercicio de su potestad recabar el auxilio de la autoridad.

Artículo 155:

Los hijos deben:
1. Obedecer a sus padres mientras permanezcan bajo su potestad y respetarles siempre.
2. Contribuir equitativamente, según sus posibilidades, al levantamiento de las cargas de la familia mientras convivan con ella.

- **La Ley Orgánica 1/1996, de 15 de enero, sobre Protección Jurídica al Menor en su artículo 13-2, dice:**

Cualquier persona o autoridad que tenga conocimiento de que un menor no está escolarizado o no asiste al centro escolar de forma habitual y sin justificación, durante el período obligatorio, deberá ponerlo en conocimiento de las autoridades públicas competentes, que adoptarán las medidas necesarias para su escolarización.

3

De tales padres, tales estilos educativos

La educación no consiste en llenar un cántaro, sino en encender un fuego.

William Butler Yeats

¿Qué tipo de padres sois?

Vamos al teatro.

En el salón o en la cocina, tal vez hayáis representado alguna vez una de estas escenas:

Situación: nos llaman del instituto porque nuestro hijo ha desobedecido y ha usado el teléfono móvil en clase. Se lo han confiscado temporalmente.

ACTO I. Los padres sobreprotectores

Padre y/o madre: Hola, cariño, qué preocupados estábamos... ¿Cómo te han tratado en el despacho del director?

HIJO: Me han echado una bronca y me han dicho que esto es inaceptable.

P/M: Pero ¿te han amenazado o te han hecho daño?

H: No, solo me han dicho que me impondrán una sanción.

P/M: ¿Por qué lo has hecho?

H: Es que mis amigos usan el móvil en clase para preguntarse dudas y la profesora no nos deja hablar. Además, ya sabes que quiero aprobar.

P/M: Tendrías que habérnoslo dicho antes de entrar a hablar con el director. Así se lo podríamos haber explicado. Te perdonamos, pero no vuelvas a hacerlo en clase.

Lo que caracteriza a estos progenitores es...

- Se preocupan por saber cómo han tratado al niño.
- Investigan las razones que lo han llevado a usar el móvil en clase.
- Al escuchar a su hijo, se sienten afligidos y deciden perdonarle.

ACTO II. Los padres que no van a una

PADRE y/o MADRE: ¡Sinvergüenza! ¡Ya te espabilaré yo, ya!

HIJO: Pero si ha sido una broma...

P/M: ¡Ahora te contaré la broma en casa!

H: Estábamos jugando.

P/M: Por eso mismo vas a estar sin jugar con el ordenador durante tres meses.

Dos días más tarde, el niño hace otra trastada y...

MADRE: Habla tú con él. ¡Yo ya no puedo más!

H: Lo siento, no volverá a pasar, de verdad.

PADRE [*Dirigiéndose a la madre*]: Ya habrá aprendido la lección con el susto. Además, eso es cosa de chavales. Te levantamos el castigo.

H: Gracias, papá.

P: Si vuelve a suceder algo así, no tocarás el ordenador en un año.

Lo que caracteriza a estos progenitores es...

- Le imponen un castigo muy severo sin indagar qué le ha empujado a usar el móvil en clase.
- Dos días más tarde, el chico hace otra travesura, y tanto el padre como la madre, hartos de la situación, ceden y le levantan el castigo.
- Eso sí, le dicen que si lo vuelve a hacer, le impondrán un castigo más severo (que, por supuesto, el chico sabe que no se cumplirá).

ACTO III. Los padres autoritarios

PADRE y/o MADRE: ¡Qué vergüenza! ¡No vas a salir de casa en un mes!

HIJO: Papá/mamá, perdona, pero es que iba a...

P/M: Pero ¿qué me vas a contar? ¿Cómo has podido?

H: Era para hacer...

P/M: He dicho que no vas a salir de casa en un mes, y que como vuelvas a hacerlo te quedas sin móvil y sin ordenador.

Lo que caracteriza a estos progenitores es...

- El castigo severo y la amenaza de castigos más severos.
- No hacen referencia a los motivos que hacen inaceptable el hecho de utilizar el móvil en clase.
- No intentan escuchar ni comprender por qué su hijo ha usado el teléfono.

ACTO IV. Los padres manipuladores

PADRE Y/O MADRE: Pero ¿cómo has podido estar con el móvil en clase?

HIJO: Era para enviarte un mensaje.

P/M: Veo que no me quieres nada comportándote así.

H: Ya sabes que sí te quiero, lo que pasa es que no me he dado cuenta.

P/M: ¿No te das cuenta de que así creen que no me preocupas?

H: Lo siento, de veras.

P/M: Bueno, no pasa nada. Si no lo vuelves a hacer, este domingo iremos a ver la peli que tanto te gusta.

H: ¡Vale! No lo volveré a hacer.

Lo que caracteriza a estos progenitores es...

- Dan a entender a su hijo que su fracaso se debe a que no hace las cosas como ellos quieren. Juegan con los sentimientos del hijo, haciendo que se sienta culpable.
- El niño no entiende cómo debe comportarse sin la guía o el chantaje de los mayores. Se compromete a no sacar el móvil, pero no porque crea que está mal, sino por su sentimiento de culpa y para conseguir su premio.
- Le comunican que siempre será premiado (en este caso, yendo al cine) si lo hace bien.

ACTO V. Los padres empáticos

Una vez en casa y hablando cara a cara

PADRE y/o MADRE: ¿Por qué has usado el móvil?

HIJO: Porque estaban todos enviándose mensajes y quería hacer lo mismo que mis compañeros.

P/M: Pero eso no te autoriza a usar el móvil en clase, está prohibido.

H: Sí, pero los demás lo usan y juegan online. Yo no puedo.

P/M: Eso no te autoriza a jugar con el teléfono en clase. Además, tienes que aprender que no se puede hacer todo lo que uno desea.

H: Sé que me he equivocado. No volveré a hacerlo.

p/m: Esto va a tener unas consecuencias. Durante una semana vas a estar sin llevar el móvil al instituto y en casa solo lo usarás de seis a ocho de la tarde.

Lo que caracteriza a estos progenitores es...

- No hablan en el coche ni en la calle; esperan a estar en casa para comentarlo con más calma y cara a cara con su hijo.
- Le dejan hablar para que exponga sus motivos.
- Le explican que cualquier razón no justifica saltarse las normas y le imponen un castigo razonable.

¿QUÉ CONSECUENCIAS TIENEN PARA VOSOTROS Y PARA VUESTROS HIJOS ESTAS CONDUCTAS EN CADA CASO?

En general, cabe señalar que el estilo de padres que más abunda es el sobreprotector. Es un signo de nuestra época, puesto que los progenitores se quieren distanciar del modelo autoritario asociado al sufrimiento.

En los talleres de entrenamiento de padres, redirigimos estos estilos ayudándoles a que se conviertan en el ejemplo de sus hijos. Tras analizar qué estilo de educación predomina en casa, tenemos que practicar para caminar hacia el estilo más empático y equitativo.

Los demás estilos tienen en común la falta de dirección, la dispersión y la incoherencia. Y cuanto más confundidos estamos los padres, más perdidos se muestran nuestros hijos. Los adultos autoritarios, sobreprotectores, despreo-cupados y manipuladores no consiguen integrar normas porque no las explican. Los chicos ignoran el proceso de interiorizarlas porque no las entienden. Desconocen el al-cance, la gravedad, la corrección o incorrección de sus ac-tos, más allá de que impliquen una bronca o el pasotismo o incluso apoyo de sus padres. Hay un cortocircuito en la comunicación y un error de sistema a la hora de transmitir los valores y las normas y límites.

Nuestro hijo, con este panorama, recibe el mensaje de que al final o es un desastre (padres autoritarios) o no tiene fallos. Y son estos hijos impolutos los que pueden pasar de la demanda normal a la exigencia. Ellos no quieren un smartphone de última generación, ellos lo exigen. Recorde-mos que el Código Civil no dice que les debamos nada de esto. Dice que lo que nos deben es respeto y obediencia, pero para que sepan qué son estos valores, y todos los demás, hay que explicárselos. Sin miedos ni amenazas ni culpas ni mentiras piadosas. Y lo más importante, sin autoengañarnos.

Los niños y los jóvenes son una esponja, un reflejo de lo que expresamos y hacemos los adultos.*

---

*Un vídeo interesante en aprenderaeducar.org
Corto *Ellos nos imitan en todo*

Escenas cotidianas que nos pueden sorprender, ya que en la mayoría de los casos no somos conscientes de lo que influimos a nuestros pequeños y no tan pequeños. ¿Qué opináis?

El top 1 de lo que educa corresponde a nuestro ejemplo. De nosotros copian lo bueno y aceptan que lo malo resulta lícito porque nosotros no tenemos reparo en practicarlo. En este sentido, nos apetece resumir cuáles suelen ser los frutos de cada estilo educativo. De tal ejemplo, tal...

Los padres inflexibles, severos, **autoritarios**, compensan el no saber controlar con los gritos, la imposición y las reprimendas. Sus hijos deben ser los mejores, aunque para ello ni respiren ni se diviertan. ¿Cómo no guardarles rencor o rabia? En realidad, estos padres se escaquean de la realidad. No quieren saber lo que sus exigencias afectan a sus hijos, a pesar de que se quejen de actitudes rebeldes cuando estos crecen.

Los padres **sobreprotectores** o en pánico constante les transmiten esta inseguridad y miedo a sus hijos. Es tal su angustia, que evitan cualquier exposición al dolor o a la frustración y suelen anticiparse y privar al niño de experiencias que le convienen para madurar. Un adolescente temeroso e inseguro se bloquea al mínimo reto, y padece baja autoestima.

Los padres permisivos, los **despreocupados**, son especialistas en esquivar los conflictos. Si los niños muestran conductas poco adaptativas, se arreglan por ciencia infusa, y esperan no tener que entrar en juego para marcar normas. Nunca corrigen conductas ni resuelven las dudas de sus hijos. De padres pasotas de las emociones, los problemas, los hábitos y afectos de los más pequeños de la casa, crecen niños egocéntricos y caprichosos, que van a la suya y que a su vez no se sienten queridos ni valorados.

Los progenitores **empáticos**, equitativos y fortalecedores buscan conocer a sus hijos: sus intereses, sus capacidades y talentos, sus sentimientos, y les educan en función de las posibilidades del pequeño. Argumentan y negocian, piden opinión y reflexión a los hijos y les inculcan valores como la autonomía, el esfuerzo y la solidaridad. La comunicación y el respeto forman parte de lo bueno y de lo malo en el hogar, y todo se pone sobre la mesa para solventarlo. Eso sí, las normas y los límites son innegociables, pero sí abiertos al diálogo si así se cumplen mejor. Estos niños conocen la línea entre el bien y el mal, respetan y se hacen respetar y tienen recursos para gestionar sus emociones positivas y las adversas.

Del último tipo de padres, los **manipuladores**, los del chantaje emocional, destacamos la culpa como arma. Si quieren que su hijo actúe, no dirigen ni dialogan, sino que sobornan o siembran el miedo a perder. El niño obedece, aunque no sabe por qué es mejor o peor cumplir. De mayores, calcan esta manera de funcionar, es decir, ni respetan ni se respetan. El mensaje «Si no lo haces es porque no me quieres o porque no sabes» se queda grabado en la mente de los chavales, quienes acaban por ser veletas para complacer a los demás, o manipuladores en sus relaciones.

Obviamente, hay que trabajar duro para educarnos como padres equitativos. No hay garantías, pero la posibilidad de que nuestros hijos sean más felices dependerá de nuestro esfuerzo. Por supuesto, también tenemos que considerar el contexto y las circunstancias.

LAS DIFERENTES FAMILIAS Y QUÉ SIGNIFICA EDUCAR SEGÚN SUS PARTICULARIDADES, DESDE EL NÚCLEO TRADICIONAL AL MONOPARENTAL, CON HIJOS ADOPTADOS...

El siglo xx, marcado por la revolución tecnológica y de la información, también es el que más cambios sociales ha inscrito en los libros de Historia. Ahora contamos con muchas variantes respecto a la familia de padre+madre+hijos, la considerada tradicional. Hoy, los niños pueden tener solo mamás que han recurrido a la inseminación artificial o que eligen vivir su maternidad sin una figura paterna; o dos madres, o dos padres que son pareja; o padres separados que han rehecho su vida con otra persona; o padres de adopción cuya cultura es distinta a la suya. Con independencia de las creencias y de la moral de cada uno, son formatos familiares igual de válidos, y como núcleos familiares deben incorporar la educación con valores, normas, límites y afecto. Ninguna particularidad exime de las responsabilidades como padres e hijos.

Las familias con progenitores homosexuales, las que adoptan, o las madres que deciden llevar adelante solas a sus hijos (o los padres que son los únicos responsables de los niños), deben seguir todo lo que recomendamos en el libro. Aprendemos a educar personas y educamos a otras personas. Y todos los prejuicios, ideas negativas o miedos a que los pequeños sean más infelices porque no se crían en un contexto estándar o tradicional sobran. Mientras los padres sean empáticos y den ejemplo, no tiene por qué haber problemas.

Por otro lado, sí queremos hacer un poco de hincapié en la realidad de las familias que se rompen. Ahí, los hijos se ven forzados a adaptarse y a cambios educativos que pueden desequilibrarles. Por lo que a nosotros y a aprender a educar concierne, que los padres se divorcien en ningún caso significa o debe significar que se divorcien de sus hijos, como dice el doctor Paulino Castells en su libro,* una eminencia en la psiquiatría infantil.

Ver cómo tu hogar, la idea de seguridad y familia que conocías, se pierde, resulta más o menos traumático. Sin embargo, una separación y/o divorcio no necesariamente da lugar a niños o adolescentes más rebeldes, que engrosan la tasa de fracaso escolar o la de patologías de comportamiento. Las estadísticas confirman que hay chavales con problemas en familias disfuncionales y también en las funcionales. La tarea de los padres en medio de una crisis familiar de este tipo es la de explicar a sus hijos que la tensión tendrá un tiempo limitado y, sobre todo, qué sucederá en el futuro cercano. El objetivo de este período complicado es aclarar la situación emocional de los padres como pareja, y si se separan será para bien: es una solución ante un problema.

Así pues, enseñamos que el divorcio es positivo porque aporta paz y claridad, siempre y cuando los progenitores actúen desde el respeto y la madurez (ya sabéis que ellos nos captan y copian en todo). La separación, para un niño,

---

* *Los padres no se divorcian de sus hijos. Claves para seguir con ellos tras la separación* (Aguilar, Madrid, 2012).

es una ocasión para presenciar y experimentar cómo las personas tienen que enfrentarse a los problemas y tomar decisiones importantes en su vida. Los hijos que cuentan con las explicaciones, cariño y apoyo de los padres —o de al menos uno de ellos— durante ese proceso, están más sosegados, gozan de mejor autoestima y estabilidad emocional.

Una vez que han gestionado anímicamente los cambios, los hijos se encuentran con un nuevo contexto: el de la familia de progenitores con vidas distintas. Así como está demostrado que la familia monoparental puede ser perfectamente funcional, los padres ex pareja que se llevan bien pueden seguir cooperando para educar a sus hijos desde los mismos preceptos y valores. Cuando los ex apenas se toleran, y en casa de mamá hay que lavarse los dientes después de comer y el chocolate es para los domingos, mientras que en casa de papá solo se come pizza y la ducha no es obligatoria (o viceversa), tendremos que ponernos de acuerdo y esforzarnos para que los chicos asuman la responsabilidad de cuidarse y de hacer lo mejor para ellos mismos. Lo fundamental en la nueva situación es que los niños se sientan valorados, queridos y reforzados con hábitos y pautas muy claros. Que los padres no se quieran no tiene nada que ver con el amor eterno e incondicional para con sus hijos.

Estos padres separados tienen que esmerarse con la comunicación. En general, pensamos que los pequeños no soportarán ciertas noticias o que no son lo suficientemente maduros para entendernos. Pero no es así. Si les hablamos en su idioma, considerando la edad que tengan, y les detallamos el porqué de pensamientos y sentimientos, ellos también evolucionarán en el proceso de cambio. Serán capaces de encontrarle sentido a lo que ven y no entienden: peleas, malas caras, tensión, desorganización en casa. Debemos decirles la verdad y, en especial, ser nosotros los primeros en informarles, y no sus compañeros de colegio ni sus primos. Somos su referente y su chaleco salvavidas, y tienen que sentir que estamos a su lado.

Los niños también necesitan su espacio y su tiempo, y no por mucho que los padres superen la ruptura y se enamoren perdidamente de otra persona, quiere decir que los pequeños o adolescentes de casa sigan su ritmo. La nueva novia de papá o el nuevo novio de mamá debería aparecer por casa de una manera progresiva; de la noche a la mañana no es conveniente meter a la pareja reciente bajo el mismo techo. Pasa lo mismo que acabamos de puntualizar: nuestros hijos necesitan entender qué sucede, y precisan de tiempo y comunicación. Que les digamos que existe alguien que nos hace felices y que nos gustaría que todos nos lleváramos bien y conviviéramos. Ah, y que esa persona no llega para sustituir a nadie. En conclusión, tenemos que trabajar y esforzarnos para que nuestros hijos sepan que son centrales en nuestra vida, que siempre les querremos y velaremos por ellos y que les dedicamos tiempo de calidad, respeto y apoyo.

CÓMPLICES DIRECTOS: LOS ABUELOS Y LOS CANGUROS

Hablando de apoyo, ¿qué haríamos sin nuestros mayores, los padres de los padres? Se han convertido en un factor importante de la economía; son las personas que permiten que los padres desarrollen una carrera o trabajen fuera de casa. De acuerdo, en algunos casos, más que por vocación o por realización personal es por pura necesidad, pero ocurre. Y los niños pasan a manos de los abuelos.

Recordemos que la generación de estos mayores es la del sacrificio. Su forma de pensar puede diferir de la de la complacencia absoluta con los niños. Así que nos toca encontrar el equilibrio. No solo debemos comprender sus limitaciones y defectos por la edad y el carácter (en lo bueno y en lo malo). También es fundamental que respetemos su espacio, que les dejemos vivir y hacer sus cosas. Los padres somos nosotros, y es nuestra responsabilidad criar a los hijos como ellos ya han hecho. Resulta estupendo y muy recomendable dejar a los niños con sus abuelos, porque aprenden de su experiencia, de sus valores (santa paciencia, por ejemplo) y conviven con personas mayores. No obstante, dejar que los abuelos críen a sus nietos conlleva un claro distanciamiento educativo respecto a los padres.

Los progenitores y los abuelos deben ir al unísono, marcar las mismas normas y los mismos límites, los que los padres decidan, aunque sea con estilos propios de cada generación.

Lo mismo para los cuidadores o canguros. En ausencia

de los padres, deben educar siguiendo nuestras pautas e ideas. Pueden ser más o menos cariñosos o imaginativos, pero siempre tienen que enseñar los hábitos y valores que caracterizan a la familia.

Valores. Educar en valores. No dejamos de repetirlo. Esfuerzo, respeto, responsabilidad... Eso son valores. La familia es el gran faro para el niño. Lo que ve y aprende en casa se lo llevará por el mundo, y es cosa nuestra que comprenda en su infancia y en su adolescencia que hay normas de convivencia. Que en sociedad, la igualdad, la tolerancia, la perseverancia, la generosidad y la gratitud facilitan unas relaciones satisfactorias y felices. Ya sabéis, no vale con dar la charla. Lo que hagamos, harán.*

---

*Un vídeo interesante en aprenderaeducar.org
Corto *Respeto por los mayores*
No os podéis perder esta emotiva historia. Los protagonistas, un padre y su hijo, hablan en griego. Aquí tenéis la traducción:

A sparrow.	Un gorrión.
What's that?	¿Qué es eso?
I just told you, father. It's a sparrow.	Te lo acabo de decir, papá, un gorrión.
A sparrow.	Un gorrión.
What's that?	¿Qué es eso?
A sparrow, father, a sparrow.	Un gorrión, papá, un gorrión.
What's that?	¿Qué es eso?
Why are you doing this? I told you so many times. It's a sparrow. Can't you get it?	¿Por qué me haces esto? Te lo he dicho ya un montón de veces. Es un gorrión. ¿Lo pillas?
Where are you going?	¿Adónde vas?

Loud.	En voz alta.
Today, my youngest son who a few days ago turned three...	Hoy, mi hijo pequeño, que hace unos días cumplió tres años...
... was sitting with me at the park.	... estaba sentado conmigo en el parque...
When a sparrow sat in front of us.	... cuando un gorrión se posó delante de nosotros.
My son asked me 21 times what it was.	Mi hijo me preguntó 21 veces qué era eso.
And I answered 21 times that it was a sparrow.	Y yo le contesté las 21 veces que aquello era un gorrión.
I hugged him every single time he asked me the question again and again.	Le abracé cada vez que me hacía la misma pregunta, una y otra vez.
Without getting mad, feeling affection for my innocent little boy.	Sin enfadarme y demostrando todo mi cariño a mi pequeño e inocente hijo.

4

Los valores son
los pilares de la educación

La enseñanza que deja huella no es la que se hace de cabeza a cabeza, sino de corazón a corazón.

HOWARD G. HENDRICKS

QUÉ SON Y QUIÉN LOS TRANSMITE

Tomás Ortiz es catedrático del departamento de Psiquiatría y Psicología Médica de la Universidad Complutense de Madrid. Como investigador en Neurociencia, se ha interesado por definir qué son los valores y qué suponen en nuestras relaciones personales. Los que piensen que tener valores es una lotería que les toca a las buenas personas, o una luz divina que ilumina a ciertos elegidos, quizá se lleven una decepción. La Neurociencia ha localizado en qué parte del cerebro (la corteza prefrontal) se activan estas conductas adaptativas, o sea, aquellas que asimilamos conforme madura el cerebro. Los valores son comportamientos aprendidos que nos ayudan a dar respuesta inmediata ante ciertas situaciones. Si enseñamos responsabilidad, los niños van aprendiendo a ser responsables. Si asimilan el esfuerzo, se esforzarán cuando las circunstancias lo pidan.

La fuerza de voluntad, la amabilidad, la generosidad, el perdón, la sinceridad, la responsabilidad, el respeto, el optimismo, la paciencia, el sentido de amor y amistad, la solidaridad o la gratitud no nos vienen de fábrica, por defecto. Están relacionados con el conocimiento preceptivo, que focaliza en el porqué y para qué de hacer las cosas. Este conocimiento se desarrolla a la par con el cerebro, y si desde pequeños aprendemos y reforzamos valores, no tendremos que decidir conscientemente sobre nuestra conducta en cada momento; con los años, sabremos cómo actuar para conseguir nuestro fin y sentirnos a gusto con el entorno y con nosotros mismos.

El cerebro se desarrolla hasta los 20 o 21 años, por lo que el adulto debe asentar sus valores éticos y morales durante la infancia, algo que también le favorecerá en su adolescencia. Un adolescente que tiene arraigados unos valores es una persona más controlada y segura.

Ahí tenemos el ejemplo de Gabi, el hijo de Francisco, que es autista. Todo se educa, todo se aprende, y él, que es un crack, sabe que no hay que mentir. El día de Reyes, sacó a relucir este valor de la sinceridad. Durante la cabalgata, preguntó aquello de «Papá, ¿los Reyes sois los padres?», y en efecto, le confirmamos que sí. «¿No decís que no debemos mentir?», nos increpó. Sonrisas aparte, esta anécdota demuestra que interiorizamos los valores gracias al aprendizaje.

Estos preceptos de conducta son comunes a todos los animales de la naturaleza y, entre los humanos, dependen del contexto social, cultural y familiar. O lo que es lo mismo, de lo que transmiten las personas que educan. De las creencias y las maneras de hacer que tenemos **en casa**.

En la corteza prefrontal del cerebro se ponen en marcha las reacciones del organismo en situaciones diversas. Cuando los padres ayudan a sus hijos a entender y a asimilar estas formas de actuar están llenando su almacén de herramientas emocionales: los chavales decidirán en cada momento lo que más les conviene, en armonía con los demás.

Así pues, la familia es origen y fábrica de nuestro equipaje de valores para vivir. Los padres enseñan hábitos (comer, dormir, asearse) y maneras de entender la vida (valores) a partir de pautas y de mucho cariño.

Desde la casilla de salida, nuestro hogar, los niños comienzan el juego. Arrancan y van al colegio con unos valores que comparten con otros niños que, a la vez, les muestran otros. A mejor educación en valores, más capacidad de aprendizaje y de socialización, como también nos descubre la Neurociencia.

DICCIONARIO DE VALORES CON EJEMPLOS PRÁCTICOS PARA INCULCARLOS

El ensayo y el error científicos rigen la educación, pese a que nosotros la tengamos más por arte que por ciencia.

Hay un valor muy necesario para transmitir el resto de los valores: la paciencia. Enseñar implica repetir, insistir, hacer sentir y predicar con nuestro ejemplo. Recordemos que ellos nos copian en todo, así que ya podemos recargar las pilas para que comprendan y automaticen conceptos tan bonitos como los que siguen. Hemos seleccionado los valores principales y os ofrecemos ejemplos de situaciones instructivas.

Educando en valores

Alegría

Esta emoción básica positiva no solo aparece ante un estímulo o circunstancia agradables, sino que puede ser una manera de entender la vida. Está ligada a otros valores que nos acercan a los demás, como la gratitud, la generosidad, la amistad, el amor, la solidaridad...

Una idea, de padres a hijos

Cuando en casa hay un momento de alegría, les contamos a nuestros hijos por qué estamos alegres y les hacemos partícipes de la ocasión.

Así, nos enseñan un trabajo escolar que les han valorado positivamente en el colegio. Les hacemos saber que estamos muy contentos y se lo demostramos. Ellos valorarán y aprenderán que cumplir con sus obligaciones es motivo de alegría.

Amistad

Cuando escolarizamos a los niños, buscamos básicamente que ganen conocimientos y aptitudes, y que también aprendan a socializar. Los más pequeños viven una revolución conociendo a otros, y desarrollan un afecto y una complicidad con sus amiguitos que es esencial para su crecimiento. En el marco de la buena amistad, encontramos compañerismo, cariño, creatividad, compromiso, comunicación, respeto. Es la plataforma idónea para mejorar y poner en marcha la empatía.

Una idea, de padres a hijos

La importancia de los amigos se puede trabajar en el parque cuando llevamos a nuestros hijos a jugar con otros niños. Ellos saben con quién se encuentran a gusto y con quién no. Es un buen momento para explicarles por qué han de tener amigos y transmitirles la importancia de estos.

Amor

Qué no se ha escrito o contado sobre el amor. La ciencia lo ha analizado desde los puntos de vista de la fisiología y de la psicología, pero aún nos fascina. Educamos gracias al amor, a la necesidad de conectar, de ayudar al otro. Estar en contacto con las propias emociones contribuye a que nuestros hijos traben relaciones fluidas y sanas con sus amigos, su familia y sus futuras parejas.

Una idea, de padres a hijos

La mejor forma de educar este valor es transmitiendo a nuestros hijos mucho cariño. Ellos se tienen que sentir queridos y apoyados por sus padres. Tienen que escuchar que les queremos. Pero atención, sin caer en la sobreprotección. El decir NO o el no concederles todos sus caprichos no está reñido con quererles muchísimo.

Autodominio

O autocontrol. Presupone un profundo conocimiento de uno mismo y, si nos referimos a niños y a adolescentes, que disfruten de una buena autoestima y de seguridad en sí mismos. Una persona que tolera la frustración, que tiene inculcados valores y hábitos, sabe estar en cualquier situación, conveniente o menos favorable. Sin miedo, sin rechazo a la presión o a la duda, no hay agresividad.

Una idea, de padres a hijos

Para conseguir que de mayores tengan este autodominio han de ser personas seguras, que crean en sí mismas y sobre todo que sepan resolver sus problemas. Esto se asienta no haciéndoles todo ni solucionando sus conflictos a la mínima. Nuestra función consiste en enseñarles a que sepan valerse por sí mismos.

Compasión

Acompaña a la empatía, puesto que ser sensibles al sufrimiento ajeno nos empuja a identificarnos, a ayudar y a perdonar.

Una idea, de padres a hijos

Cuando haya un conflicto cercano a la familia, los hijos deben saber si alguien sufre y explicarles que cuando alguien está mal, tenemos que ayudarle, si está en nuestra mano, para que deje de sufrir.

Comprensión

Ser comprensivo conlleva entender lo que hace o lo que siente otra persona sin juzgarla.

Una idea, de padres a hijos

Cuando un miembro de la familia, un amigo o simplemente una persona está haciendo algo que es difícil de entender para un niño o cuando un adulto está triste, enfadado o al revés, alegre, podemos aprovechar para explicar al niño los motivos por los que esa persona hace o se siente de esa manera específica. Si hacemos que lo entienda poco a poco irá aprendiendo a comprender, un valor muy ligado al respeto.

Crítica constructiva

Es la manera de buscar soluciones a los problemas para beneficio de todas las personas implicadas en ellos, y una de las herramientas comunicativas más efectivas en las relaciones humanas.

Una idea, de padres a hijos

Cuando nuestro hijo meta la pata, aprovechamos la ocasión para practicar la crítica constructiva, que permite al niño entender cómo solucionar el problema, en lugar de que le caiga una etiqueta o que los padres asumamos su responsabilidad. Lo complementamos haciéndole ver y explicándole el significado de la crítica constructiva.

Empatía

A la definición extendida y común de que empatizar es ponerse en la piel del otro, añadimos que es ponerse en su lugar viendo el mundo con sus ojos y entendiendo sus emociones (no desde nuestra postura). Os preguntaréis: «Nos piden que, para educarles, seamos empáticos con los niños, pero ¿por qué no se esfuerzan ellos también en ponerse en nuestro lugar? ¿En ser conscientes de que todo lo hacemos por su bien?». Cuidado con este valor. Los niños no son empáticos porque no pueden. Los especialistas, como el psicólogo y biólogo Jean Piaget, revelan en sus estudios que es preciso un cerebro más maduro y con más inputs para poder ponernos en el lugar del otro. En resumen, si le pedimos a un niño que sea empático o, incluso, que sea empático con nosotros, estamos remando contracorriente. Por mucho que les demos detalles de nuestras inquietudes, será de adolescentes cuando empiecen a ver el mundo con otros ojos.

Una idea, de padres a hijos

En su aprendizaje, los que nos aplicamos en empatizar somos los padres: les hablamos en un vocabulario que puedan entender (el suyo), intentamos saber qué sienten. Las normas y límites deben ser útiles para ellos y no para quedarnos tranquilos. Ah, que les comprendamos no supone que les permitamos salirse con la suya.

Un ejemplo de empatía podemos verlo en uno de los casos de un chico de Hermano mayor: *mientras su novia distraía a su abuela de 80 años, el joven, obsesionado por el* tunning, *le robó dinero y joyas que más tarde vendió para comprar unas llantas y ruedas para su querido coche. El chico pidió perdón a su abuela, pero después no entendía por qué la abuela aún seguía enfadada con él. Hasta que Pedro, con la ayuda de la psicóloga del programa, que entretuvo al muchacho mientras le robaban las ruedas y las llantas, no colocó al chico en la misma situación que él había dejado a su abuela, el chaval no fue consciente del sentimiento que había provocado en ella.*

Esfuerzo

Nuestro objetivo radica en enseñarles que las recompensas inmediatas son excepcionales, y que, en palabras del sabio Aristóteles, «Lo que con mucho trabajo se adquiere, más se ama». Hemos leído antes que uno de los valores que más se ha perdido con el cambio educativo es este. Nuestros pequeños y jóvenes están acostumbrados a obtener resultados y, si no se cumplen sus expectativas, tiran la toalla. La verdadera motivación contiene un ingrediente mágico, el valor de esforzarse. Si un niño pelea por sacar buenas notas o hacer buenas canastas o marcar goles, tenemos que recordarle lo beneficioso y satisfactorio que es esforzarse, independientemente de las calificaciones y los marcadores, y hacerle ver que el esfuerzo siempre tiene una recompensa: la satisfacción personal.

La psicóloga e investigadora Carol S. Dweck, cuyas tesis ocupan buena parte del capítulo 7, llevó a cabo un experimento muy interesante al respecto. Reunió a quinientos niños para que compusieran un puzle. Al completarlo, en un grupo, a cada niño se le felicitó con la frase «Qué bien que te has esforzado», mientras que el resto disfrutó del resultado. Se les propuso hacer un puzle más complicado. Los que buscaban la satisfacción del esfuerzo, perseveraron; los que solo querían acabarlo, o se frustraban o abandonaban. El último día, el reto consistió en hacer un puzle demasiado difícil para su edad. Comprobaron que el grupo del esfuerzo insistía. Los del resultado lloraban, se enfadaban y se quejaban.

Una idea, de padres a hijos

Después de que haya acabado un dibujo para el colegio, le preguntamos a nuestro hijo: «Veo que te has esforzado mucho; has usado muchos colores. ¿Me explicas cómo lo has hecho?».

Generosidad

Es la virtud por la que nos sentimos inclinados a dar y a compartir lo que tenemos o pensamos si puede ser útil para el bienestar de otras personas. Está relacionada con el altruismo.

Una idea, de padres a hijos

Enseñarles a compartir juegos o cosas con los demás es la mejor forma de trabajar este valor. También cuando hay alguien que necesita algo y nosotros, como padres, somos generosos con él, compartimos y le explicamos las razones del caso con nuestro hijo.

Gratitud

Es un sentimiento de estima básico por lo que otros hacen por nosotros y que nos empuja a corresponder su afecto o acción.

Una idea, de padres a hijos

Como en el resto de los valores, es necesario señalar que vamos a enseñarlo a través del ejemplo. Si nosotros no agradecemos a los demás las cosas no podemos pretender que nuestros hijos lo hagan. Les hemos de explicar que no basta con decir gracias, sino que lo hemos de hacer de corazón. Por eso, después de dar las gracias a alguien que hace algo por nosotros les podemos detallar a nuestros hijos lo que ha hecho y por qué.

Honestidad

Decir algo y hacer lo contrario es justo lo que debemos evitar si queremos que nuestros hijos sean honestos. Honestidad es hacer lo que se piensa.

Una idea, de padres a hijos

Si le digo a mi hijo que beber refrescos no es saludable y yo lo estoy haciendo, «porque soy mayor, claro está», él interiorizará que cuando sea mayor, todo valdrá. Dirá algo y hará lo contrario con la naturalidad con la que lo hemos hecho nosotros con el refresco.

Lealtad

Guiada por la fidelidad y la conciencia, ser leal nos mueve a cumplir con los compromisos pese a que las circunstancias no nos acompañen.

Una idea, de padres a hijos

Un amigo nos cuenta algo que no debemos decir y lo comentamos con otra persona. La primera se enfada con nosotros. Si el niño ve esto se dará cuenta de la poca importancia que le damos a ese amigo y él, por supuesto, en cuanto tenga algo interesante que contar lo revelará sin ningún respeto ni conciencia de que está siendo desleal con un amigo. Nuestra labor como padres es demostrarle con hechos y explicarle que no se ha de traicionar la confidencia de un amigo.

Optimismo

Es la interpretación de la realidad desde el punto de vista positivo y más favorable.

Una idea, de padres a hijos

Lo inculcamos como todos los valores y bajo la premisa de que todo se educa. El optimismo no es una excepción. La forma de ver las cosas desde un punto de vista favorable o desfavorable la podemos enseñar. Es una actitud que nuestros hijos deben ir asimilando conforme les van sucediendo cosas en su etapa de crecimiento.

Estamos en el parque y se le rompe la bici. Viene a buscarnos llorando porque no puede montar en ella. Le explicamos que en vez de llorar hay que repararla. Si podemos, lo hacemos en el momento y le volvemos a explicar que cuando le ocurra cualquier situación desfavorable ha de buscar una

solución, no ponerse a llorar. En el supuesto de que no la
podamos reparar en el momento, le animamos a jugar a otra
cosa y cuando acabe le comentamos que aun sin bici lo ha
pasado bien. Con estos detalles aprenderá a buscar solucio-
nes cuando aparezcan los inconvenientes o imprevistos.

Paciencia

No hace tantos años, las cámaras de fotos analógicas eran
nuestra fuente de sabiduría. Quién no recuerda ir dispa-
rando el carrete, que se acabara la fiesta de cumpleaños o
las vacaciones y quedarnos meses esperando la oportunidad de terminar ese carrete para revelarlo. Y, por si fuera
poco, lo dejábamos en la tienda y tocaba esperar otros
quince días. Y más aún: descubríamos que muchas imágenes estaban movidas o veladas. ¿Moríamos? No. Teníamos
paciencia. Soportábamos la frustración. Hoy, todos los ar-
tilugios portátiles disponen de cámara, y las fotos se repiten, comprueban, editan y comparten en medio segundo.
Sin embargo, no todo en la vida es una foto. ¿Cómo educarles para esperar si el progreso y la tecnología van en la
dirección contraria, en dárnoslo todo aquí y ya?

Una idea, de padres a hijos

Hay que mostrarles que muchas cosas ricas, desde su comida
favorita a la final de la liga deportiva, necesitan tiempo, que
muchas cosas en la vida son un proceso para el que debemos
esperar con optimismo.

Perdón

Pedir perdón se suele usar para decir a otra persona que estamos arrepentidos de algo que hemos hecho o dicho que le ha herido de una u otra forma.

Una idea, de padres a hijos

Para pedir perdón hemos de explicar a los niños que se ha de estar arrepentido y que, además, las faltas, tal y como indicamos en el capítulo siguiente, han de tener consecuencias. A veces ocurre que los niños aprenden el mal hábito de hacer algo mal, pedir perdón y, listo, no pasa nada. Por lo que creen que pueden hacer lo que quieran y que les basta con pedir perdón. Pedir perdón es valioso y se lo valoramos, pero además aplicamos la consecuencia por la mala acción, para evitar este círculo vicioso de un perdón a medias, que al llegar la adolescencia nos puede generar más problemas de los que pensamos.

Perseverancia

Cuando tenemos un objetivo, mantener una actitud positiva y la constancia nos ayudan a conseguir nuestro propósito.

Una idea, de padres a hijos

(Cuando algo no le sale a la primera, como atarse los cordones.)
    —Mamá, ¿me ayudas a atarme los cordones?

—*¿No puedes hacerlo tú?*

—*Lo he intentado, pero no me sale el nudo.*

—*Bueno, te explico cómo, pero lo haces tú.*

—*¡Vale!*

[...]

—*Mamá, es que no me sale.*

—*Inténtalo, yo creo que sí que lo puedes hacer.*

(Cuando lo haya hecho, reafirmarlo con frases como: «Si lo intentas, al final lo consigues».)

Respeto

Un frasquito de respeto, por favor. Sin respeto, las relaciones explotan, disgustan, fallan. Es uno de esos valores, además, que comienza por nosotros mismos. Si no nos respetamos y no respetamos a nadie ni a nada, el mundo nos ignorará o nos pasará por encima.

Una idea, de padres a hijos

El respeto se gana respetando. Para el caso, Pedro recuerda una situación en la que su hija mayor, Claudia, le dio una verdadera lección. Decidió comprarle una pulsera maravillosa a su padre (con el dinero paterno, por supuesto) cuando salió del centro terapéutico de rehabilitación. La pulsera en cuestión no causó la satisfacción esperada, puesto que la calidad era dudosa y en poco tiempo se rompió. Pedro, que no tenía un buen día, se acercó a la tienda a cambiar la pulsera, y la dependienta ni se molestó en ayudarle, así que la repren-

dió sin miramientos. No se sintió muy bien por la escena y se marchó sin pulsera.

Al cabo de unos meses, la niña, especialista también en el arte de comprar regalos para el día de la madre con el dinero del padre, planteó ir a la misma tienda a por otra pulsera. Ay, después del follón que se había montado. O que Pedro había montado. Él se sinceró: ¿con qué cara iba a volver allí? Y la niña, ni corta ni perezosa, le recordó la clave: «No pasa nada, papá. Es muy fácil: entras y le pides perdón». Así lo hizo Pedro, y su hija pudo ver cómo su padre le enseñaba a respetar a los demás y también a respetar sus consejos.

El respeto no se gana con castigos, gritos ni órdenes. Los actos valen más que las palabras.

Responsabilidad

No somos los siervos de los niños, por muy reyes de la casa que los proclamemos. En función de su edad, debemos implicarles en las tareas del hogar, en cuidar de las mascotas, en procurar el bienestar de sus hermanos y en cumplir las obligaciones de sus estudios y actividades. Como en la vida misma.

Una idea, de padres a hijos

En el gabinete de orientación, y para indagar en el grado de responsabilidad, Francisco inquiere a los padres si son de los que dejan que el niño se pelee con los cordones de los zapatos hasta que aprende a atárselos, o de los que se los atan sin di-

lación. ¿Qué tipo de padres sois? Si les cubrís todas sus responsabilidades, ¿cómo esperáis que las asimilen y asuman?

El resultado se ve en detalles tan impresionantes como los vividos también por Francisco en una excursión con chicos de 14 y 15 años. Ni siquiera saben hacerse la cama para dormir en su litera. Al grito de «Sacad la sábana bajera de la mochila», el silencio y las caras de confusión abundan. Por hacer, ni siquiera se han preparado sus propias mochilas. ¿No se hacen la cama? Les dejamos las sábanas dobladas sobre la silla para que sepan que nadie se encargará. Una cosa es ayudar, y otra muy distinta, enseñarles a que dispongan sin colaborar, ya que vamos por el camino de restarles autonomía. Y quien no se sabe sacar las castañas del fuego no puede ir tranquilo por la vida.

Sacrificio

Es el esfuerzo que realiza una persona para conseguir algo dejando de lado cosas que le agradan para alcanzar su objetivo.

Una idea, de padres a hijos

No podemos hacer siempre lo que queremos o nos apetece. Los niños han de aprender a dejar algunas cosas que les gustan para conseguir una meta propuesta. Por ejemplo, no ir un día a entrenar porque tienen un examen al día siguiente es un pequeño sacrificio que servirá para que entiendan que en la vida hay que renunciar o esforzarse para conseguir objetivos o bien por personas queridas.

Sencillez

La identificamos con la humildad: es tener conciencia de los méritos y también de las limitaciones de cada uno.

Una idea, de padres a hijos

Cuando nuestro hijo destaca en algo, tenemos que reforzarlo, pero a la vez hemos de tener cuidado en mantener el equilibrio entre autoestima y falta de humildad. Debe reconocer que aunque el chico destaque en algo, todos tenemos algún don y no por eso nos podemos creer superiores o mejores que los demás. Si creemos que el niño es demasiado arrogante, debemos hablar con él y, si es necesario, recordarle algo que no se le dé tan bien, sin humillarlo, para hacerle tocar de pies al suelo.

Sinceridad

Es el modo de expresarse, de relacionarse, sin mentiras ni hipocresía.

Una idea, de padres a hijos

Como mencionamos en el valor de la lealtad, las mentiras se copian, o se traman por inseguridad. Debemos demostrar confianza a nuestros hijos, decirles la verdad y no ocultarles cosas, para que ellos hagan lo mismo.

Solidaridad

Al igual que con la generosidad, ser solidarios nos empuja a colaborar con otras personas a favor de un compromiso, de una causa que beneficia al prójimo.

Una idea, de padres a hijos

Podemos hacer hincapié en este valor charlando con nuestro hijos sobre alguna causa solidaria o de cómo algún niño o joven de su entorno ha mejorado su situación gracias a la ayuda de sus compañeros.

Superación y compromiso

Hemos descrito el sacrificio y la perseverancia, y estos valores van en la misma línea.

Una idea, de padres a hijos*

No existen obstáculos para quien se fija una meta posible y se supera, día tras día, para alcanzarla.

---

*Un vídeo interesante en aprenderaeducar.org
Anuncio de Coca-Cola

La supremacía no es de los más altos, de los más fuertes ni de los más rápidos, y para muestra, este vídeo.

Voluntad (o fuerza de voluntad)

Se interpreta como una fuerza interior que contribuye a que creamos que podemos alcanzar lo que nos proponemos si confiamos en nuestras cualidades y en nuestro esfuerzo.

Una idea, de padres a hijos

La fuerza de voluntad se educa reforzando la autoestima de los chavales. Leeremos en los próximos capítulos cuán poderoso es destacar lo bueno que tienen nuestros hijos para que crean en sus posibilidades. Si les proponemos y animamos a que luchen por un proyecto y les hacemos ver que lo pueden conseguir y disfrutar, entenderán que no solo pueden cumplirlo, sino que es una gran compensación.

El gran premio de esta educación en valores es criar a unos hijos autónomos, con autodisciplina, entusiasmados ante los nuevos retos, motivados y optimistas. La ausencia de valores, si recordamos, por ejemplo, los casos de Pedro en el programa *Hermano mayor*, puede generar violencia. Los chicos se sienten amenazados porque desconocen cómo actuar, algo que, junto a la sensación de «no valgo para nada», les hace infelices. El aprendizaje de valores y de hábitos implica gestionar la frustración. Se equivocarán y tendrán que volver a empezar, hasta que los interioricen. Y si les privamos de este ensayo y error, como hemos apuntado al principio de este apartado, ¿qué les queda para hacerse un hueco en el mundo? La violencia.

UNA BUENA HISTORIA: LAS CINCO COSAS DIARIAS QUE NO NOS GUSTA HACER

En las páginas que siguen, profundizamos en las estrategias educativas. Es decir, en las maneras más eficientes de que sean chicos de bien y listos para emprender cualquier vuelo. Desde el principio, repetimos que aprender, como proceso, conlleva caerse unas cuantas veces y levantarse otras muchas. Intentarlo y fracasar, llorar y arremangarse para intentarlo de nuevo. Tanto para la parte de quienes educan como para los educandos, es como patinar: nos damos de bruces y hasta ganamos unos moratones, pero hay que ponerse en pie para conseguir ir sobre ruedas. Aprender demanda también valores como la confianza, el optimismo y la honestidad. No podemos prometer a los niños un mundo de fantasía, donde exista una meta en la que ya no deban esforzarse más. No hay fórmula para estudiar, dar en la diana con una supercalificación y cruzarse de brazos para siempre jamás.

Vivimos constantes cambios. Todo fluctúa y nos debemos adaptar a ello. Así que, cuando se ciernen las nubes sobre nuestras cabezas, les enseñamos a abrir su paraguas particular de alegría y creatividad para superar el obstáculo. Porque los obstáculos no son una broma. Existen. Siempre tendremos que hacer cosas que no nos gustan.

Los hay que, les vaya bien o les vaya peor, se enfadan. Sin embargo, la queja es una forma de vida muy triste.

Que si fregar los platos, que si bajar la basura, que si limpiar, que si trabajar horas extra... A diario, todos podemos enumerar cinco cosas que odiamos hacer y a las que estamos obligados. Esta regla se transmite a los niños como ejemplo claro de que la vida no es de color de rosa, aunque tampoco por ello debemos ahogarnos en un vaso de agua.

Esta idea nace de que no siempre se puede hacer lo que uno quiere o le gusta. Además, en la vida nos van a ocurrir cosas e imprevistos que no serán de nuestro agrado, pero que tendremos que afrontar. Es decir, las cosas no salen siempre como queremos.

Cuando el niño se niega a cumplir con alguna obligación:

- Describimos los motivos por los que le toca hacerlo.
- Insistimos en la idea de que no siempre hacemos lo que nos gusta.
- No damos nuestro brazo a torcer y nos recordamos que estamos educando para que sepan plantarle cara a los verdaderos retos de la vida.

Francisco recuerda con emoción cuando uno de los chicos de la consulta que siempre estaba de mal humor le dijo que, gracias a su ayuda, había aprendido a hacer de buena gana las cosas que no le gustaban y eso había mejorado su estado de ánimo.

5

Manos a la obra:
construyendo felicidad

> El resultado más elevado de la educación es la tolerancia.
>
> HELEN KELLER

LA GESTIÓN DE LA FRUSTRACIÓN Y LA RESILIENCIA EN LA VIDA

Reflexionábamos sobre lo que nos disgusta hacer y sobre cómo reenfocar para tener las obligaciones bajo control con buen espíritu. Un científico memorable, que seguro que se pasó horas y horas en el laboratorio, se quedó en blanco otras tantas porque no lograba hallar lo que buscaba y se lamentó como cualquier ser humano, fue el francés Louis Pasteur. Gracias a él, ingerimos alimentos sin algunas bacterias perniciosas —de su apellido procede el término «pasteurización»—, y de él también tomamos una idea clave en la vida y en la educación: «No les evitéis a vuestros hijos las dificultades de la vida, enseñadles más bien a superarlas».

¿Os suena? ¿La tenéis en cuenta?

Nosotros la subimos al podio de aprender a educar: medalla de oro. ¿Cómo podemos señalar con el dedo a un niño a quien, de pequeño y de adolescente, le han dado todo cuanto quería, juguetes, ropa, la moto, viajes... y que de mayor está convencido de que si no obtiene TODO lo que quiere es porque el mundo se ha rebelado contra él o porque tiene mala suerte? Es muestra de una persona incapaz de gestionar la frustración y, por tanto, de una persona insatisfecha e infeliz. Porque de pequeño pides un juguete, pero de mayor pides un Ferrari, y eso es un gran problema, pues no entiendes qué has hecho mal para dejar de merecerlo.

La vida conlleva riesgo, pérdida, fracaso. Nuestros hijos, por mucho que lloren y pataleen, nos agradecerán algún día conscientemente que les hayamos enseñado que la vida no es un camino de rosas. En todo caso, las rosas tienen espinas, los tropiezos que debemos enseñarles a superar. La resiliencia, que el Diccionario de la Real Academia Española define como «1. f. *Psicol.* Capacidad humana de asumir con flexibilidad situaciones límite y sobreponerse a ellas», es una de las habilidades más importantes que podemos potenciar en los niños. Quererles también supone acostumbrarles a que les digan que no, a veces más que permitirles y financiarles todas sus demandas y caprichos. Insistiremos en la fuerza del «no» más adelante, en este mismo capítulo, pero ahora queremos contaros un caso real que ilustra cómo los pequeños van interiorizando el significado de gestionar la frustración.

La mujer de Francisco siempre ironiza (con toda la razón) que él usa a sus propios hijos como conejillos de Indias en sus labores de educador. Un martes, que es el día que Francisco y su hijo pequeño, Isma, entrenan con la bici que tanto les gusta a ambos, el chico que les entrena y que es programador tenía una entrega de trabajo urgente. Cuando Francisco explicó a Isma que, por mucha ilusión que les hiciese, se había suspendido la actividad, el niño se quedó abatido y refunfuñó en el camino del colegio a casa, sin atenerse a la realidad. Quería entrenar y quería entrenar. Al no entrar en razón, Francisco mandó a Isma a su habitación una vez en casa «para que gestiones la frustración, hijo». La mujer de Francisco, sorprendida por la llorera de Isma, espetó al padre si no creía que era excesivo dejarle en su cuarto. Pero, claro, ya hemos dicho que los padres deben ir en una misma dirección y no restarse autoridad mutuamente. Al cabo de un rato, y con los ojos más rojos que un tomate, Isma se presentó ante sus padres con la mítica frase: «Papá, ya he gestionado la frustración».

En ese momento, en el que el niño ya estaba tranquilo, Francisco le hizo comprender por qué el entrenador no podía cumplir con su cita, y es que en la vida hay obligaciones que todos debemos satisfacer. A veces nos quedamos sin poder entrenar y no pasa nada. Así se conoce y se maneja la frustración. El éxito y el fracaso van tan ligados como el yin y el yang, lo bueno y la decepción.*

> ***Un vídeo interesante en aprenderaeducar.org**
> **«¿Éxito o fracaso?»**
>
> «El fracaso enseña lo que el éxito oculta», se cuenta en este vídeo que define con precisión qué significa tanto el éxito como el fracaso para una persona o para un colectivo. Pero lo más interesante de esta reflexión es la relación intrínseca que existe entre ganar o perder, y que lo importante no es ganar tras fallar, sino que sobreponerse nos sirva para crecer, para madurar. Un reportaje muy revelador que no os podéis perder.

La manera en que Francisco trata a Isma, es decir, permitiendo que el niño se desahogue y explicándole la situación cuando ya se ha calmado, y con palabras que el pequeño entiende, es una estrategia educativa básica. En el capítulo anterior, hemos enumerado cuáles son los pilares de la educación familiar, y debéis tener en cuenta que sin valores (en este ejemplo, respeto, empatía, solidaridad, paciencia, etc.), las estrategias educativas que describimos en este capítulo no tienen sentido.

La tolerancia a la frustración se educa, por supuesto. No es espontánea, ni cosa únicamente de carácter (bueno, de hecho, el carácter, la personalidad, se construye: se educa). Su nivel de tolerancia a la frustración, a equivocarse y a quedarse con las manos vacías, depende de nosotros, los padres. Cuando a la mínima señal de agravio o lágrima porque no saben o no pueden hacer algo, nos vestimos de superhéroes para sacarles las castañas del fuego o, también, lo hacemos nosotros mismos para evitarnos sus lamentos o, lo que resulta mucho peor, para que no sufran, les estamos regalando un tíquet hacia el fracaso. Justamente, ese fracaso cuyas implicaciones desconocen porque se lo ahorramos una y otra vez aportando nuestra solución al problema, sin dejar que elaboren y pongan en práctica la suya.

A los niños y a los jóvenes les acusamos de impaciencia, cuando les hemos enseñado a nadar en la permisividad y en el «no pasa nada». En realidad, los impacientes somos nosotros, porque no hemos tenido las tablas para inculcarles que la vida se construye poco a poco, mediante la equivocación y el pequeño triunfo. Para que sean pacientes y constantes, los padres tenemos que ejercer con paciencia y constancia la enseñanza de hábitos. Por encima del placer, de comer solo golosinas, jugar con la consola o ir en pijama todo el día sin peinarse siquiera, están la alimentación saludable, las horas de estudio y de ocio, la higiene. Porque no todo gira a su alrededor, porque tienen que aprender el concepto de tiempo y, con él, a esperar por sus necesidades considerando las de los demás. Esperar es tolerar, es ser conscientes de que los deseos se cumplen a veces, y no siempre.

Cumplir todos los deseos de los niños se traduce en negarles la realidad: el malestar que sentirán de mayores cuando nadie les dé la palmadita en la espalda, y que incluso puede convertirse en una patada metafórica en el trasero. No hay trabajo perfecto, ni amigos perfectos, ni pareja perfecta, ni «porque yo lo valgo». Ante la frustración, existe la opción de ser capaz de reconocer las limitaciones propias y de reinventarse para superarse.

Además, si les solventamos todos los dilemas, ¿cómo queremos que aprendan a pensar? Que vivan la incertidumbre, la duda. Que encuentren vías de salida a los problemas. Preguntémosles por esas soluciones para estimularles y ayudémosles si percibimos que, pese a esforzarse, necesitan un empujón. En resumen, la tolerancia a la frustración se enseña:

- Mostrándoles con el propio ejemplo las maneras de afrontar los obstáculos desde lo positivo: cómo lo hacemos los padres.
- No dándoles todo hecho, e insistiendo en la cultura del esfuerzo y la perseverancia.
- Explicando por qué se sienten angustiados y abatidos: les ayudamos a identificar y nombrar las emociones y los sentimientos relacionados con la frustración.
- Marcando objetivos sin ceder a rabietas, porque llorando no se soluciona nada. Les enseñaremos técnicas para relajarse, distensión con actividad física, formas alternativas de alcanzar ese objetivo, cómo pedir ayuda. Es esencial cambiar la frustración por aprendizaje.
- Reforzando sus avances, felicitándolos por cada paso que definen y consiguen por su cuenta.

Aquí sacamos a relucir uno de los temas que despiertan más dudas entre los padres y los educadores: qué es premiar y qué es castigar, y dónde está la fina línea que separa lo justo de lo injusto.

Definición y diferencia entre castigo, autoritarismo, autoridad

¿Os acordáis del modelo basado en la disciplina y la obediencia sin replicar de nuestros padres y de nuestros abuelos? Sí, el mismo que aplican los padres autoritarios de hoy en día y que tampoco parece funcionar en el buen desarrollo de los niños a pesar de que estos hagan todo lo que se les ordena. Pues es un extremo, el opuesto al modelo de padres permisivos, que tampoco consigue resultados beneficiosos para los chavales.

Ni el autoritarismo, caracterizado por el castigo y la amenaza, ni el rechazo a todo lo que suponga poner en cintura tienen que ver con la autoridad.

Los padres son la autoridad de una manera natural. Son los adultos, los que cuidan, protegen, permiten que sus hijos cuenten con lo necesario para su crecimiento y su educación. La autoridad viene de la mano de la responsabilidad, y no de la humillación. Por eso, tanto los padres autoritarios como los permisivos deben integrarla en su estrategia educativa y abandonar sus estilos fallidos.

Nuestra tarea como autoridad incluye poner normas y límites con el fin de que los niños interioricen hábitos para desenvolverse dentro y fuera de casa. La sociedad tiene unas normas, y conocerlas nos da seguridad y libertad a la hora de tomar las decisiones correctas. Los niños deben ser conscientes de lo que está bien y de lo que está mal, de que ajustarse el cinturón en la sillita o en el coche, comer de manera saludable, dormir sus horas, asearse y organizar sus actividades les reporta bienestar. Por supuesto, no lo entenderán y nos retarán, porque no tienen nuestra experiencia, pero si nos negamos y perseveramos, cumplirán años y comprenderán el porqué de sus hábitos, disfrutando del equilibrio y de la autoestima que una buena guía les ha marcado.

Ejercer como autoridad es un trabajo lleno de exigencias y de pruebas. Instaurar y consolidar normas y límites requiere de paciencia y claridad. Y de respeto y calma. Cuando, tras repetirles cinco veces que se laven las manos y vengan a cenar, les gritamos, les insultamos («Eres un pesado y un vago», «No haces nunca nada bien»), no les estamos comunicando autoridad, sino que les perdemos el respeto y les demostramos que, para lograr lo que quieren, pueden comportarse como nosotros, como energúmenos. El coste de esta falsa disciplina, que no es más que agresividad, resulta muy alto para los chicos. Al compararles con otros, despreciarles y clasificarlos («Siempre serás un lento») ellos actúan según estas etiquetas. Nadie ha nacido enseñado y ser padres es sinónimo de explicarlo todo con *porfavores*, repeticiones y ejemplos.

El autoritarismo más denigrante es el que recurre al castigo físico. Ahora veremos que los errores se pagan enseñando consecuencias, y que el término «castigo» está muy desfasado en la educación. Las personas que pegan y humillan no lo hacen para controlar a otros, sino para liberar su propia frustración: su incapacidad para ser una autoridad constructiva. La violencia solo genera más violencia.*

---

*Un vídeo interesante en el canal YouTube de Pedro:
http://www.youtube.com/watch?v=TWUHfKY3all
«¿Todo se arregla con un par de tortazos?»

¿Verdad que cuando alguien está enfermo, si tiene tos, fiebre o dolor, no lo castigamos con violencia? Pues la reflexión es que un trastorno de conducta tampoco se arregla con la agresión.

Más conceptos de moda: refuerzo positivo y castigo

Del mismo modo que debemos precisar la diferencia entre autoritarismo y autoridad y entre castigo y consecuencia, debemos tener muy claro el matiz que separa el **refuerzo** (que forma parte de las técnicas educativas) de la **recompensa**. En sí, la recompensa también puede entenderse como un poco humillante. Es decir, si cada vez que hagamos algo bien, nos tienen que premiar, más que «niños educados», criaremos lo que los pedagogos llaman «niños foca», los que solo acaban sus tareas para conseguir que les metan pescado en la boca. Suena duro, pero la realidad en este sentido es aplastante.

Lo obligatorio se refuerza, no se recompensa.

Los hábitos que inculcamos, poco a poco, gesto a gesto, son obligatorios para los niños —y si los reeducamos con los adolescentes, dos tantos de lo mismo—. Según avanzan en la instauración del hábito o de las tareas que tienen que cumplir, les felicitamos, les animamos: les reforzamos la idea de que lo han hecho bien. Se trata de refuerzo positivo, no de premio. Figúrate si cada cosa que aciertes o acabes, te comprasen un regalito o te dieran permiso para comerte una chocolatina... ¿Todo lo que haces es un triunfo mayor? Pues así lo entiende un niño, y aún más pesado que una losa le cae cualquier error.

Las recompensas o regalos solo se deben dar en ocasiones especiales, o pierden su sentido, el de la sorpresa, excepción, emoción. Hoy parece que los más jóvenes reciben a Papá Noel cada noche.

En el equipo contrario, vemos a las **consecuencias**, que son el nombre más adecuado para el poco reputado **castigo**. Una equivocación, desobedecer, portarse mal tiene unas consecuencias, y no se castiga. Esas consecuencias están relacionadas con privar a nuestros hijos de lo que les gusta: juegos, salidas, actividades, porque no han cumplido su parte del trato, que supone practicar las normas y los límites que les enseñamos. Con que las consecuencias les parezcan aburridas o «un rollo», ya es suficiente; no hace falta que sean una tortura.

Atención, padres, normas y límites no es un titular negativo, sino los dos ejes de las estrategias educativas cuyo fin es construir un sistema de valores personal. Bien instaurados y bien utilizados, permiten que los pequeños y los jóvenes se sientan seguros y, así, más felices. Una norma y un límite no son equivalentes; el matiz sería este:

NORMA = Solo se juega con la consola el fin de semana.

LÍMITE = Pueden jugar dos horas el sábado y dos horas el domingo.

Los límites y las normas no saben de extremos: que pongamos muchos no les hará mejores, pero si no ponemos ninguno, la cosa tampoco arranca. Que les señalemos dónde están los límites y qué tipo de comportamientos deben mantener en según qué situaciones, servirá para que tengan muy claro lo que se espera de ellos y sepan usar de forma responsable su libertad. Esta estructura se sostiene en los valores con los que enseñamos, pues su conducta se expresa de acuerdo con sus nociones de amistad, solidaridad, esfuerzo, tolerancia, etc. La sociedad está regida por un conjunto de normas, y estamos dentro cuando las aplicamos; que nuestros hijos las asuman es lo que les permite vivir a gusto en sociedad.

Os detallamos ahora cómo funciona este aprendizaje de normas y límites y qué papel tienen en el proceso tanto el refuerzo positivo como la consecuencia.

Cada hogar funciona gracias a unas normas de comportamiento de toda la familia. Estas normas se basan en las creencias, valores y necesidades para la convivencia de los padres y los hijos. No hablamos de cosas arbitrarias o de caprichos de los adultos («Porque lo digo yo» o «Porque se hace así»), sino de mecanismos que tengan una explicación lógica. Si nosotros, que ponemos la norma, no sabemos ofrecer un porqué de esta, es que no es una norma. En casa, la norma la cumplimos todos, y no hacerlo tiene unas consecuencias, un resultado negativo. A su vez, ser responsables y cumplir la norma tiene como resultado una mayor confianza y libertad de la persona.

Si nuestro hijo adolescente quiere quedarse en casa de un amigo el fin de semana, tendrá que ordenar su habitación cada día, hacer los deberes y las tareas de casa que le corresponden. Al demostrar que puede ser responsable de sus propias obligaciones, también demuestra que se puede confiar en él para que pase la noche fuera. En eso consistiría el refuerzo de la norma: en reconocer que sabe hacerlo.

La consecuencia, por otra parte, de saltarse las normas no solo es no tener vía libre para compartir el fin de semana con su amigo, sino una sanción, como hacer alguna tarea extra o no poder ver la televisión un par de noches. La consecuencia y la sanción se avisan con anterioridad, no se improvisan. El chico tiene que tener presente que si incumple, algo sucede.

Los niños nos retan desde que nacen, por lo que tenemos que marcar normas desde que son pequeños. Nuestro trabajo como educadores consiste en informar, mostrar con el ejemplo, supervisar y hacer cumplir desde los comportamientos en casa, en el colegio y con sus amistades, como la manera de acabar sus tareas y actividades, como la forma en que otros interaccionan con ellos. Revisar no es controlar. Resulta más sencillo preguntarles y también contarles nuestras cosas, para que sean conscientes de que los padres también se ciñen a normas y límites.

Claro que a veces no es que no pongamos normas, sino que no lo hacemos correctamente. Las normas y límites deben ser claros («La habitación está desordenada, así que recoge la ropa») y en positivo («Tira el papel a la papelera» mejor que «No tires el papel al suelo»).

A veces, tampoco van a atender ni a límites ni a normas. O qué fácil sería educar, ¿verdad? No todas las normas tienen el mismo peso en la vida familiar y de los chicos. Las obligatorias se relacionan con los valores básicos y, como hemos dicho, no son negociables: o se cumplen o hay consecuencias. Deben ser pocas y expresarse con claridad al niño. En este grupo están los comportamientos respetuosos, los horarios, la higiene, la alimentación, el estudio, la organización. Las normas accesorias resultan más flexibles y son más numerosas, porque aparecen en dependencia de lo que sucede en casa. Un ejemplo: que bajen la basura en un margen de tiempo (no a una hora fija).

Cuando se saltan las normas, pueden sufrir dos tipos de consecuencias: las de no respetar lo obligatorio son más graves; las de incumplir las accesorias dependen de la situación. Primero, deben comprender la importancia de poner de su parte, lo valiosas que son estas normas y dónde está el límite para no practicarlas. Una parte de este diálogo corresponde a describir las sanciones por incumplimiento.

Estas sanciones no son una venganza y no se deben obviar, ni menos aún ser excesivas, o quizá nos salga el tiro por la culata. Las consecuencias de un mal comportamiento están a la altura de lo que se hace mal, no a la altura de nuestro mal humor como padres frustrados.

Para muestra, un botón:

- Castigos pequeños y cumplidos en el momento: si no hace los deberes, no escucha música esa tarde. Ni deja de escuchar música una semana, ni un mes (porque no lo podremos mantener y es absurdo).
- Ha pegado e insultado a otro niño: le explicamos que la violencia es inadmisible y le hacemos ver cómo le afectaría a él. Insistimos en la manera de gestionar su enfado o su frustración con otras personas, le pedimos que colabore en tareas compartidas en casa y le instamos a que pida perdón al niño al que ha agredido.

Reeducamos la norma y definimos el límite. A continuación, os resumimos este proceso de forma esquemática y útil para que podáis aplicar los pasos.

PAUTAS PARA ESTABLECER NORMAS Y LÍMITES SEGÚN LA EDAD DEL NIÑO

PRIMERO: RECONOCER EL TERRENO

¿Cuáles son las normas que hacen funcionar nuestro hogar? ¿Son coherentes, adecuadas a la edad de los niños

—porque un bebé no friega los platos, claro—? ¿Evolucionan según crecen nuestros hijos y según cómo se comportan? ¿Su razón de ser es aprender conductas y valores o que los padres se queden tranquilos? ¿Los padres vamos en una misma dirección, o cada cual comunica sus normas y límites? ¿Nuestros hijos tienen claras las consecuencias de no asumir las normas y sobrepasar los límites? ¿Identificamos normas con gritos y enfados?

¿Qué habéis respondido? ¿Coincidís con lo que hemos descrito en el apartado anterior? Si no, necesitáis un reset.

SEGUNDO: PENSAR LAS NORMAS Y SUS LÍMITES

Al definir una norma, debemos considerar los siguientes puntos:

- Para que las normas sean efectivas, hay que empezar a ponerlas desde que nace el niño.
- La edad del niño y qué comportamiento deseamos que aprenda a través de esa norma en concreto.
- Que los progenitores estéis de acuerdo y que no sea una medida de control, sino educativa, en beneficio del niño.
- Que pueda durar en el tiempo y adaptarse al crecimiento del chaval. Que la podáis aplicar con constancia. Lo que se repite se convierte en hábito.
- Toda norma viene en pack con sus límites y consecuencias. La sanción por incumplirla tiene que estar

relacionada con la norma, en proporción (nada estricto para un despiste) y en duración (lapsos breves, o acaba pagando la sanción toda la familia).
Establecer consecuencias no es una revancha, es
nuestra herramienta para que aprendan y asimilen la
norma y lo que ocurre cuando no la respetan. ¡Tomad nota!

TERCERO: NEGOCIARLAS

Lo que entendemos por pactar una norma dista de pedirle
permiso al chaval o de que apruebe y celebre esa norma.
Negociamos, pactamos, con el fin de que comprendan qué
les pedimos, se impliquen y cumplan. Al participar en el
proceso de establecer una norma, la sensación de que se le
ha tenido en cuenta suma puntos para que no la tenga
como una imposición de los padres.

Le explicamos con detalle la norma y le preguntamos
sobre su parecer. Si el niño aporta observaciones razonables redefinimos la norma. Es conveniente no redefinirla
en el momento, sino pensarla un poco. Le comunicaremos
más tarde cómo será definitivamente esa norma.

CUARTO: PRACTICARLAS EN EL DÍA A DÍA

Desde luego, este es el paso más arduo. El chico es consciente de que la norma existe. Incluso él mismo ha parti cipado en perfilarla y la ha aceptado. No obstante, a lo largo del día habrá más de una señal de que se le olvida, adrede o no. Es el momento del refuerzo, de comunicar esa norma. Y es un momento que los padres no llevan demasiado bien.

Padres y madres repiten, alzan la voz, amenazan. Cuando la escena se da cada día, los niños asumen que sus padres les irán detrás y que, en la mayoría de los casos, podrán escaquearse de la norma. El GRITO es INEFICAZ, pues confunde, y los niños interpretan que la norma es más bien un castigo. Los padres tenéis que pensar con calma qué queréis comunicar y utilizar un tono serio y sosegado. Describiremos de forma muy concisa y breve por qué tenemos la norma y cuáles son las consecuencias de incumplirla. Escucharemos al niño y consideraremos su punto de vista, pero, en ese momento, la norma debe cumplirse (o las consecuencias en caso contrario). Es muy importante transmitir a los niños que confiamos en que cumplen con sus responsabilidades.

EN RESUMEN...

- Las horas de volver a casa, de hacer los deberes, de jugar o de ayudar en casa se traducen en normas.
- Para que las normas se cumplan, tenemos que explicarlas muy bien para que se entiendan perfectamente.
- Ponemos límites para que sepan qué conductas son las adecuadas y cuáles no.

- Explicamos muy bien qué sucede si no se cumple la norma y establecemos un diálogo para que ellos puedan darnos su opinión y así implicarlos y comprometerlos.
- La norma solo se modifica en el caso que los niños expongan argumentos lógicos y consecuentes. Les comunicamos que aceptamos esa modificación porque nos parece razonable y apelamos a su compromiso para su cumplimiento.

Una situación cotidiana que ejemplifica cómo enseñar una norma nos llega de nuevo de la mano de Isma. Un sábado que Francisco y su hijo iban a dar una vuelta en bici, hacía fresco, así que Francisco indicó a Isma que se pusiera y abrochara la chaqueta. La norma no se perdió en el aire como orden. A esta indicación, Francisco sumó la explicación y la consecuencia de no cumplir la norma: «Nos ponemos la chaqueta porque hace frío cuando montamos en bici y nos podemos resfriar. Si no nos abrigamos, no cogemos la bici». La norma era clara e iba acompañada de una explicación razonable y lógica, lo que permitió a Francisco ahorrar tiempo y discusiones con Isma. Ahora, Isma sabe que no disfrutará de la bicicleta si no respeta la norma de ir equipado cuando hace más fresco.

Consecuencias positivas y negativas de no marcar normas y límites

Fácil: no existen consecuencias positivas de no poner normas y límites, como no acertamos al decir que no educar ni ser educado sea positivo para cualquier persona. Ni los padres, ni los hijos, ni los profesores... nadie sale ganando con que un chico no sepa comportarse ni relacionarse, porque nadie puede ser feliz así. Aprender a educar es el motivo de este libro, y educar consiste en transmitir normas, límites y consecuencias según los valores imperantes en cada hogar.

Los chavales van a oponer resistencia y a tirar y aflojar para defender su postura y sus deseos, pero si día a día avanzamos en que comprendan la importancia de su educación, ellos mejorarán en su autonomía y se sentirán seguros para realizar tareas y proyectos. Su entorno tendrá sentido para nuestros hijos, y será su punto de referencia y apoyo, donde buscarán protección y cariño. A un adolescente, esta seguridad le servirá para estabilizar sus emociones y, por ende, sus comportamientos.

Las normas y los límites contribuyen a que los más jóvenes puedan formar su propia escala de valores, entre los que destaca el respeto por ellos mismos y por los otros, además de la importantísima tolerancia a la frustración de la que tanto hemos escrito (y escribiremos) en estas páginas.

La vía para alcanzar nuestros objetivos: la comunicación

Stephen R. Covey, el autor de un best seller muy recomendable, *Los siete hábitos de las personas altamente efectivas*, se refiere a la interacción de calidad como ingrediente de éxito en las relaciones personales. Él mismo fue profesor y empresario, además de padre (recibió el Premio Paternidad 2005, dicho sea como curiosidad), y escribió una secuela del mencionado libro para la armonía en familia. Con todo, la esencia de su idea sobre la comunicación se extiende en todas sus obras, y es esta:

> Un padre me dijo en una ocasión:
> —No comprendo a mi chico. Sencillamente no me escucha en absoluto.
> —Permítame formular de otro modo esto que me dice —contesté—. ¿Usted no comprende a su hijo porque él no quiere escucharlo?
> —Exacto —replicó.
> —Permítame insistir —le dije—. ¿Usted no comprende a su hijo porque él no quiere escucharlo a usted?
> —Es lo que he dicho —respondió con impaciencia.
> —Siempre pensé que para comprender a otra persona, usted necesitaba escucharla a ella —sugerí.
> —¡Oh! —exclamó. Hubo una larga pausa—. ¡Oh! —repitió mientras empezaba a hacerse la luz—. ¡Oh, sí! Pero yo lo comprendo. Sé por lo que está pasando. Yo pasé por lo mismo. Lo que no comprendo es por qué no quiere escucharme.

Aquel hombre no tenía la más vaga idea acerca de lo que realmente estaba sucediendo dentro de la cabeza de su hijo. Echaba un vistazo dentro de su propio corazón y su propia cabeza, y a través de ellos veía el mundo, e incluso a su muchacho.

Una vez, en un programa de radio en el que colaboramos, una madre nos preguntó cuándo tenía que comenzar a hablar con su hijo de dos años, y le contestamos que llevaba dos años de retraso. Nunca es demasiado temprano para comunicarse.

Nos comunicamos cuando nos expresamos, cuando transmitimos pensamientos y sentimientos, cuando empatizamos gracias a, sobre todo, la **escucha activa**. ¿Escuchamos a nuestros hijos o solo nos escuchamos a nosotros mismos repitiéndonos que no quieren escucharnos?

La comunicación con los niños empieza en el minuto cero. La intimidad y la confianza vienen de una constante relación, abierta y sincera desde que son pequeños. No podemos esperar que un adolescente nos cuente sus inquietudes si nunca antes hemos mantenido conversaciones constructivas con él. La conexión no es espontánea ni está incluida como pieza en la «caja de la maternidad».

Es un diálogo de tú a tú en el que buscamos la oportunidad de hablar con ellos, en el que tienen que poder encontrarnos siempre, saber que estamos ahí para ellos. Lo fundamental es prestarles atención, no interrumpirles cuando intentan definir lo que sienten o piensan, para querer aconsejarles inmediatamente, mirándoles desde arriba. Les mostramos interés real por sus cosas, aunque no necesariamente estemos de acuerdo. Pero ellos cuentan, y nuestro interés también es el primer escalón para poder comunicarles nuestras propias experiencias.

Algo que, como padres, debemos evitar es que crean que podemos burlarnos o recriminarles por sus opiniones o deseos, tanto los superficiales (su forma de vestir, los grupos musicales que les gustan) como los importantes (que les guste un chico o una chica, que tengan dudas con sus amigos...). Y debemos estar preparados para tomarnos con calma cosas que preferiríamos no saber, como que hayan consumido alcohol en alguna ocasión. Que nos lo cuenten es muy buena señal, que podemos aprovechar para reconducir el tema.

Por cierto, una cosa es interesarnos y otra distinta repetirles cada día las mismas preguntas, como si de un cansino interrogatorio se tratase. La comunicación es intercambio: ellos hablan y escuchan, y nosotros hablamos y escuchamos.

Los padres tienen que comunicarse entre ellos para saber qué y cómo desean comunicarse con sus hijos. No es redundante, no. Debéis comunicaros **entre vosotros**. Debéis estar de acuerdo en la manera y las bases de cómo queréis educar a los niños. Además, dos progenitores que se saben hablar y escuchar son el perfecto ejemplo a imitar del ciclo comunicativo que, más o menos y según un gran número de profesionales de la comunicación y la educación, podemos retratar así:

COMUNICACIÓN	BUENO	MALO
HABLAR	Tratar una sola cuestión y exponerla de forma clara y directa. Si el otro no comprende, intentar adaptarnos a su forma de expresión, con paciencia, y estimular que dé su parecer. Usar un tono de voz serio y pausado aunque estemos enfadados.	Comentar desde la presuposición; la crítica a la persona («Eres tonto») y no al comportamiento; acusar, generalizar, ofender. Alzar la voz o hablar rápido o sin mirarle.
ESCUCHAR	Prestar atención, mirando a los ojos y dando feedback de que seguimos la conversación mediante gestos, palabras o frases breves («de acuerdo», «entiendo»). Guardar silencio, dar la oportunidad de explicarse. De esta forma, se sentirá confiado, querido, valorado y orgulloso y puede llegar a expresar sus propios sentimientos.	Estar distraídos, interrumpir, cambiar de tema. Interrumpir sus explicaciones aunque no nos parezcan acertadas (esperemos a que termine de hablar, respetemos su turno).

La comunicación familiar se origina en la interacción de los padres. Todo lo que hacemos en positivo revertirá sobre el resto de la familia, así que si nos hablamos y escuchamos en positivo, pondremos los cimientos de una buena relación con los chavales. Así también será más probable que consigamos establecer y hacer cumplir las normas de casa.

Entonces ¿haríais el ejercicio de analizar cómo os comunicáis entre vosotros? Una revisión os revelará qué estáis haciendo bien y qué aspectos podéis pulir. Las variables de la comunicación se resumen en el **tono de voz** que utilizáis habitualmente, el **lenguaje corporal** y el **tiempo de calidad** que os dedicáis, tanto entre progenitores como a los niños.

Las cosas tienen que decirse sin gritar. Eso para empezar. Y también nos debemos fijar en diferenciar nuestro tono según el objetivo: valoramos desde el habla dulce, amonestamos o pedimos desde un tono firme y calmado, evaluamos o contestamos a una pataleta sin alzar la voz.

En cuanto a la comunicación no verbal, que representa más de la mitad de la intencionalidad, hay gestos que nos acercan, como mirar a los ojos, estar a la misma altura del otro (por ejemplo, sentándonos), expresar emociones a través de gestos claros y mantener una postura relajada e inclinada ligeramente hacia el interlocutor. Ni estar tirado en el sofá, mirar hacia otro lado ni hablar deprisa para que no nos interrumpan es digno de una buena comunicación.

En los momentos compartidos, tampoco podemos estar haciendo varias cosas a la vez, pues perdemos todo interés y efectividad. No nos vale estar pasando la aspiradora y charlar al tiempo, ni viendo una película mientras nos cuentan algo. Apagamos todos los aparatos y prestamos atención. A menudo, una conversación se queda en nada porque obviamos la atención consciente. Si atendemos al niño, él nos corresponderá.

La atención está completamente ligada a escuchar, más allá de oír. La escucha activa supone dejar explicarse al otro y no discutir ni anteponer nuestro punto de vista al suyo. Los niños y adolescentes deben sentir que estamos presentes en la conversación y que ponemos de nuestra parte para conocerles y entenderles. Asimismo, nos tenemos que asegurar que usamos un lenguaje comprensible para ellos. Cuando les hacemos el tercer grado, le reprochamos, damos por supuesto lo que van a contarnos o lo que sienten, les escondemos nuestros pensamientos o solo les respondemos con monosílabos o ironías, no nos estamos comunicando. Estamos minando la comunicación. Es QUÉ decimos y CÓMO lo decimos.

Por último, debemos tener muy en cuenta CUÁNTO tiempo les dedicamos y aprovecharlo al máximo para tratar los temas que nos importan. A TODOS. Normas, planes y, también, las preocupaciones de nuestros hijos en referencia a sus amistades, actividades, aficiones, estudios, sexualidad, futuro, drogas... Debemos buscar momentos, siempre.

A continuación, ampliamos la información sobre estos buenos hábitos enmarcándolos en dos técnicas comunicativas necesarias: fuera gritos y dentro diálogo.

Técnica para evitar gritar

En general, levantamos la voz cuando tenemos la intención de dar una orden o cuando estamos disgustados o enfadados. No obstante, los gritos pueden transmitir lo contrario de lo que pretendemos. Porque una cosa es lo que creemos que comunicamos y otra lo que perciben los demás.

A veces, los padres insisten en que no gritan, y los hijos se quejan de que se lo dicen todo a voces. Lo que debemos conseguir con la práctica es utilizar un tono de voz específico, serio y firme, que los niños identifiquen con nuestro estado de ánimo y les induzca a escuchar y a respetarnos.

Para las indicaciones o para comunicar que no nos gusta algo, recurrimos a un tono serio, sin elevar el volumen. Pensamos muy bien qué vamos a decir, nos colocamos delante del niño y se lo repetimos como máximo un par de veces.

Para pedir que rectifiquen o cambien de conducta cuando estamos enfadados, nos tranquilizamos durante unos minutos y nos recordamos que deseamos que nos escuchen, y no desahogarnos, así que cuanto más lenta y plácidamente nos expliquemos, mayor atención captaremos. Nunca perseguiremos a los niños por la casa, sino que nos situaremos delante de ellos y les detallaremos por qué estamos molestos.

Si sentís que os es difícil controlar el grito:

- Mirad al suelo, respirad profundamente y contad hasta diez.
- Sujetaos ambas manos para frenar cualquier expresión corporal.
- Sentaos con el niño. Estar sentados reduce la tensión.
- Un niño de menos de nueve años necesita el contacto visual para prestar atención. Una vez os esté mirando, habladle.

- El chico o la chica mayor de 16 años demanda tranquilidad, es decir, si ambos estáis alterados y no paráis de gritar, es mejor que salgáis de la habitación y retoméis la conversación cuando os hayáis calmado.

TÉCNICA PARA SABER DIALOGAR

Entendemos como diálogo el compendio de todo lo que hemos descrito hasta ahora: ser comprensivos y respetuosos con las opiniones y emociones del otro, escucharle demostrando atención y fomentar la confianza mediante la comunicación frecuente.

Reconocer los sentimientos de los pequeños y los jóvenes resulta importantísimo. No somos comprensivos porque les dejamos hacer a su antojo, sino porque queremos conocer sus temores y sus alegrías y sueños. Por eso, nunca debemos minusvalorar sus sensaciones con frases como «Eso es una tontería», «No es para tanto», etc. Las cambiaremos por un acercamiento amable: «Me imagino cómo te sientes. Me pasó algo parecido y pensé como tú». Lo importante es respetar sus opiniones y sentimientos, estemos o no de acuerdo, y expresar los nuestros sin despreciar los de nuestro hijo. Él está creciendo y aprendiendo, recordémoslo.

Muchos padres se sorprenden del efecto positivo de unas cuantas palabras de aceptación. Han estado batallando con los niños, se han enfrentado a los estados de ánimo más dramáticos, han gritado y, de repente, la tranquilidad con que aceptan los sentimientos negativos de los chicos obra la magia. Los chavales se sienten aliviados cuando les confirmamos que la congoja y el enfado son normales. Al calmarnos, ellos también se calman, y así les resulta más sencillo deshacerse y entender su malestar.

Cuenta Francisco, en una de sus aventuras ciclistas con Isma, que en una carrera en Vilanova i la Geltrú había dos pruebas que pasar. Una en línea y una ginkana. Isma quedó tercero en la carrera en línea después de unos cuatro kilómetros muy disputados. En la ginkana, se posicionó quinto y en la clasificación global no pudo subir al podio. Isma se puso a llorar porque esperaba el trofeo. Francisco le explicó que lo entendía, que sabía cómo se sentía y que a él a veces le pasaba lo mismo. Esto le reconfortó y dejó de llorar. Al día siguiente, al acostarse habló con su padre:

—Papá, ya sé lo que tengo que hacer.

—¿Hacer para qué?

—Para que no me pase lo de la carrera de ayer.

—¿Qué vas a hacer?

—Tengo que entrenar más la ginkana.

Una conversación eficiente está basada también en el uso del lenguaje adecuado a cada edad. Un niño menor de nueve años entiende los conceptos de forma distinta y parcial a nosotros, mientras que alguien mayor de 16 años, en plena adolescencia, se toma las cosas muy a pecho. Para evitar malentendidos, les pedimos que opinen y comenten sobre lo que les estamos explicando. Así sabremos si comprenden nuestras palabras o lo que queremos decir. Nuestros hijos deben ser parte activa en la comunicación o el diálogo no existirá.

Cuando la conversación gira en torno a una mala conducta, nunca nos referimos a ellos como persona. Que el comportamiento sea malo no significa que la persona sea mala. En este caso, nos centraremos en esa mala conducta, sin etiquetarle ni mezclar ese con otros temas. Al acusar directamente a los niños, nos ganamos una batalla campal casi con seguridad. Si deseamos hablar, tendamos ese puente de buena voluntad para que cada cual diga la suya.

De pequeños o de mayores, sin diferencia, nos sentimos cómodos hablando con la persona que no nos prejuzga, ni ironiza sobre lo que nos interesa, que se muestra abierto a escucharnos y a hablar incluso cuando lo que expresamos no es de su agrado. Entre padres e hijos funciona exactamente igual. Un buen hábito de comunicación consiste en poder conversar sobre lo importante, y también en sentirnos cómodos para contar nuestro día a día. De ahí que rutinas como aprovechar las comidas para charlar (sin distracciones como la televisión, por ejemplo), comentar lo que ha sucedido a personas de nuestros círculos de amigos o del colegio o trabajo, o una noticia, o un interés refuerzan los lazos comunicativos en la familia. Y, hablando de rutinas, qué mejor que fijar buenos hábitos que aviven la comunicación, como saludarnos cada vez que entramos en casa o despedirnos cuando nos vamos, desearnos buenos días y buenas noches, intentar comer o cenar juntos para poder charlar tranquilamente, tratar de hacer al menos una pregunta al día que demuestre interés por los asuntos de nuestros familiares (ya sea cómo les ha ido un examen, cómo ha ido el día, si ha dormido bien...).

Autoridad y amor en su justa medida

Los padres autoritarios y los sobreprotectores, ya lo hemos visto en el capítulo 3, favorecen conductas de tirano en los niños. Por exceso o por defecto de demanda de obediencia, los chicos no entienden el verdadero significado de la disciplina. En su sentido original, «disciplina» es la instrucción sistemática dada a discípulos para capacitarlos como estudiantes en un oficio o comercio, o para seguir un determinado código de conducta u orden. La disciplina es connatural a la educación. No en el sentido de hacer cumplir lo que ordenamos sin más, sino en la línea de poner bases, explicar para qué nos sirven y por qué no salimos beneficiados si las pasamos por alto.

Los niños necesitan autoridad, alguien que les modele, que les oriente, y tienen que entender que obedecen por su bien. Su autoridad, los padres, es su punto de apoyo, y no su punto de terror e incomprensión.

La autoridad se conjuga con el afecto perfectamente. La mejor manera de que nos comprendan es mediante el cariño. Ponemos normas y límites desde el cariño y el respeto, y les pedimos que los cumplan a través del diálogo. Ni el autoritarismo ni que hagan lo que deseen pero que no sufran contienen diálogo, así que están vacíos de disciplina real.

En definitiva, ¿qué es el amor? Educarles bien, con esta autoridad.

Repasaremos ahora los contextos en los que amor, autoridad, normas y límites se ponen a prueba. Son las situaciones en las que mejor podemos autoobservarnos como padres y poner en práctica las estrategias educativas: los riesgos a los que quedan expuestos los niños y adolescentes cuando socializan, online y offline.

6

Los riesgos y las pautas para la adolescencia

> La primera tarea de la educación es agitar la vida, pero dejarla libre para que se desarrolle.
>
> MARIA MONTESSORI

INTEGRADOS CON LAS NUEVAS TECNOLOGÍAS. CÓMO USARLAS A NUESTRO FAVOR Y CÓMO CONTROLAR SUS PELIGROS

El mundo cambia a un ritmo feroz en la era de la tecnología y de la información. Lo hemos apuntado anteriormente, al analizar un poco el sistema educativo, el papel de los padres y de los profesores y, sobre todo, la importancia de que estemos todos en el mismo barco, sin enfrentamientos. Tomando, por un lado, el tema de la autoridad y, por otro, el de las influencias externas a las que se exponen niños y jóvenes, aparece una cuestión que sumar al trabajo de educadores. En nuestras normas y límites tenemos que contemplar cómo afectan a nuestros hijos los contenidos de los medios de comunicación. La televisión, internet (incluyendo las redes sociales, correo electrónico, mensajería y/o chats, páginas de descarga audiovisual o de textos), las aplicaciones de los dispositivos móviles (teléfonos, tablets, mp5), los videojuegos requieren de supervisión: los adultos debemos revisar si sirven para entretener, qué valores se transmiten en esos contenidos y con quién puede estar en contacto nuestro hijo al participar en blogs, webs, foros, páginas sociales, juegos y compras online, etc.

¿Por qué los medios de comunicación no contribuyen a una buena educación? Estamos convencidos de que su función no es pedagógica ni educativa, ya que la mayoría de ellos se dedican a informar siguiendo las directrices de una línea editorial y a entretener con el mero objetivo de ser rentables para sus accionistas, y no para el bienestar de la sociedad.

Uno de nuestros principales enemigos y aliados a la vez es la red. Parece un título de película (de hecho, se han producido muchos filmes sobre los pros y los contras de la vida cibernética), pero internet es la ventana al mundo más real de todos estos medios masivos. La información que corre por las pantallas y por la que navegamos tiene una dimensión descomunal: hay tantos detalles, imágenes y propuestas que, sin filtros, se convierten en ruido, en sobreinformación. Estar saturados de opiniones y datos es especialmente delicado en el caso de los pequeños y de los adolescentes. A menudo, ellos no tienen las herramientas para criticar de forma constructiva lo que reciben, y tampoco pueden dilucidar si es verdad o mentira, o si detrás de una oferta de alguien o un procedimiento que parece tener todas las ventajas (una compra, por ejemplo) está el peligro de que abusen de ellos o les engañen. Toda esta amalgama de contenidos representa una educación pasiva con todas las letras. Los chicos y las chicas son los receptores de estos cientos de mensajes, que calan en su forma de ver la vida y de construir su escala de valores y sus metas.

Se está estudiando el alcance de este nuevo canal, pero aún hay mucho por hacer. El informe de 2011 «Riesgos y seguridad en internet: los menores españoles en el contexto europeo» resume los resultados de la encuesta realizada por el grupo de investigación EU Kids Online creado por la Universidad del País Vasco, la London School of Economics and Political Science y cofundado por la Unión Europea. Estos datos son útiles para hacernos una imagen más nítida de lo que podemos educar respecto a la red.

Los investigadores afirman que internet ha despertado los mismos recelos y alarmas que en su día causaron los nacimientos de la televisión o los videojuegos, sobre todo en el aspecto de un posible uso adictivo por parte de nuestros hijos. La adicción y los peligros del acceso libre a tanta información no parecen ser, de momento, un problema generalizado, pero el informe concluye que nuestros chavales cada vez pasan más tiempo en internet y que, de esta manera, la problemática puede crecer en el futuro próximo si padres y profesores no toman cartas en el asunto.

Si pueden surgir riesgos aun siendo experimentados usuarios online, si carecen de supervisión parental o del colegio, estos riesgos se multiplican. Que los chicos sean «nativos digitales» está relacionado con su habilidad para manejar la tecnología, pero no para gestionar qué les conviene. En el mundo virtual tienen lugar quedadas online (iniciadas por adultos); hay agresividad, violencia, racismo, persuasión ideológica, calumnias, insultos (existen aplicaciones para burlarse en grupo de alguien), acoso (de tipo sexual o entre compañeros de colegio, *ciberbullying*); sexo (imágenes, películas caseras y porno profesional, proposiciones e intercambio de material), *grooming* (citas con menores), *sexting* (cambio de fotos eróticas vía teléfono móvil); marketing encubierto, juego, estafas, violación de derechos de autor, robo de contraseñas o números de cuenta (*hacking* o piratería), dispersión de virus informáticos... Como la vida misma y a un toque de ratón o de dedo.

Esta investigación cita que el 84 % de los menores españoles encuestados se conecta en casa, y que de este 84 %, hasta un 42 % lo hace en privado, y no en un sitio común a la vista de los progenitores. El estudio arroja también el dato de que salvo en el caso de los menores de 12 años, los padres no le dan gran importancia a esta actividad online en solitario. O sea, que no controlan lo que sus hijos consumen.

El segundo lugar donde los niños y jóvenes se conectan a la red es la escuela (un 70 %). Es decir, que también los profesores deberían estar atentos para aconsejar y orientar a los chavales en este campo.

Para ir un paso más allá de la educación en valores que les permita distinguir lo que está bien para ellos de lo que no, padres y profesores deben asegurarse de que los niños y adolescentes estén alfabetizados digitalmente. O lo que es lo mismo: que sepan detectar y, sobre todo, protegerse de peligros potenciales mediante el desarrollo de conocimientos como:

- Bloquear mensajes de alguien con quien no desean contactar.
- Bloquear spam y publicidad.
- Encontrar la información navegando con filtros adecuados.
- Clasificar en favoritos una web.
- Configurar la privacidad de los perfiles personales.
- Borrar el historial.

No obstante, la responsabilidad de prevenir y de contener estos riesgos recae, en primera instancia, en los padres. ¿Somos **padres conscientes**, sin pasar por alarmistas, de que nuestros hijos necesitan nuestra dirección? ¿O somos **padres inconscientes**, porque creemos que nuestros hijos no se meterán en líos o porque no aceptamos la responsabilidad de prevenir malas conductas online? La única forma de prevenir es educar. Nos tenemos que posicionar, poner normas y límites como los hemos fijado para cualquier otro hábito y actividad de la familia, desde que son pequeños.

Casos reales (con nombres falsos, por supuesto), como el de María, que enviaba a su novio fotos suyas desnuda, a los 14 años; Lidia, que hacía lo mismo a los 12, en ropa interior, o la tristemente célebre historia de Amanda Todd, una chica canadiense que acabó suicidándose motivada por el ciberacoso. Antes de ahorcarse, Amanda colgó en YouTube un vídeo de nueve minutos en el que explicaba cómo el hecho de haber enseñado los pechos a un extraño por webcam se convirtió en una pesadilla. El desconocido la amenazó con hacer circular su foto si no le convencía con un striptease. Acabó subiendo la imagen, algo que traumatizó a la chica. Pese a cambiar de colegio, Amanda cayó en una profunda depresión y en el abuso de alcohol y drogas. El desconocido siguió chantajeándola y le exigió tener relaciones sexuales, pero la novia y amigas del extraño se presentaron en el lugar y agredieron a la joven. Amanda probó a suicidarse ingiriendo lejía, pero no lo consiguió, y las vejaciones continuaron hasta que logró quitarse la vida. Esta trágica historia nos fuerza también a reflexionar sobre el uso y abuso de estas nuevas tecnologías, de si muchos niños y adolescentes son **hijos víctimas** (inconscientes de las consecuencias de sus actos) o **hijos autores** (conscientes de lo que supone su comportamiento y, aun así, temerarios o crueles).* Un dato preocupante es que más del 75 % de los padres de niños acosadores no tiene ni idea de la situación que está viviendo su hijo, por eso es importantísimo mantener una supervisión de sus actividades en la red.

***

*Un reportaje interesante en aprenderaeducar.org
«Los peligros de internet»

¿Sabemos qué hacen nuestros hijos cuando se conectan con el móvil o el ordenador? Este reportaje cuestiona el uso de las redes sociales y de la comunicación online como plataforma para el ciberacoso, y anima a los chicos a denunciar lo que les está ocurriendo y a no ceder nunca al chantaje.

***

El juez de menores don Emilio Calatayud, a quien ya hemos mencionado en el libro, confirma que los niños precisan educación en esta materia:

> Veo los resultados de la encuesta sobre jóvenes, violencia y nuevas tecnologías, y la verdad es que no me sorprendo. Casi un 30 % quiere aprender a disparar, otro tanto por ciento parecido utiliza internet para amenazar o insultar... El problema es que hay chavales que, ante la pantalla de un teléfono móvil o un ordenador, se desinhiben. Hacen y dicen cosas que no harían si estuvieran frente a frente con otra persona. No entienden que da lo mismo amenazar a través de un aparato que hacerlo cara a cara. Y así nos va. Aparte de la labor de los padres y la familia, que es lo fundamental, tendría que existir una asignatura para enseñar el manejo ético, lo de la técnica ya se lo saben todo, de las nuevas tecnologías.

Insistimos en que la educación en el uso digital debe comenzar en la infancia. En este sentido, al igual que bebés y niños no tienen que consumir televisión con regularidad, tampoco deberían poseer una tablet o un smartphone hasta los 12 años o más. La Asociación Japonesa de Pediatría, la Sociedad Canadiense de Pediatría y la Academia Americana de Pediatría coinciden en que los padres deben evitar que sus hijos sustituyan los juegos y otras actividades por estar pendientes de los teléfonos y las tablets sin control. Según los especialistas, los bebés de 0 a 2 años no deben estar en contacto con la tecnología; de 3 a 5 años pueden experimentar con esta una hora al día y de 6 a 18 años, la restricción sería de dos horas al día. Las razones que esgrimen para ello están ligadas al desarrollo motriz y cognitivo de los niños:

- La exposición constante a las pantallas puede acelerar el desarrollo cerebral hasta los 2 años y producir déficit de atención, retrasos en el aprendizaje y falta de autocontrol.
- También puede incidir en el movimiento y en las capacidades, además de motivar el sedentarismo y la obesidad, que deriva en posibles casos de diabetes y dolencias cardiovasculares.
- La radiación de los dispositivos móviles es causa de riesgo de cáncer según la OMS.
- Puede alterar el sueño y provocar trastornos depresivos y de ansiedad, psicosis y otros problemas de conducta. La exposición a la violencia y a la agresividad también influye en su comportamiento.

- Puede generar niños más pasivos y menos preparados para interactuar de tú a tú.

Con todo, también nos toca ser realistas. Vivimos en una sociedad digital, y el futuro lo será todavía más. Un futuro en que nuestros hijos serán los que conduzcan su vida y su sociedad. Desde este punto de vista, no les podemos privar de convivir con la tecnología, pero desde esta perspectiva también, la única manera de acertar a convivir bien dentro y fuera de la red es una buena educación en el hogar y en el colegio. Queremos cerrar este apartado con otro caso real, aunque este nos aporta ideas muy positivas. La madre de la familia Hoffman, de Massachusetts, planteó una pauta brillante: sabía que no podía retrasar que su hijo de 13 años tuviera su propio teléfono móvil mucho más tiempo, así que decidió comprarle un smartphone... y adjuntó a su regalo una tarjeta que enumeraba 18 condiciones para conservar su móvil. Es decir, la madre estableció una norma, describió sus razones y explicó las consecuencias que conllevaría no cumplirla. Reproducimos esta carta especial de madre a hijo:

> Por favor, lee el siguiente contrato. Espero que entiendas que mi trabajo es convertirte en un hombre equilibrado y que puede convivir con la tecnología.
>
> 1. Es mi teléfono [de la madre]. Yo lo he comprado. He pagado por él. Yo te lo cedo. ¿No soy la mejor?
> 2. Siempre sabré la contraseña.

3. Si suena, responde. Es un teléfono. Di hola, sé educado. Nunca ignores la llamada si es de tu padre o de tu madre. Nunca la ignores.

4. Danos el teléfono a las 19.30 h si al día siguiente tienes clases, y a las 21 h el fin de semana. Se apagará durante la noche y se volverá a encender a las 07.30 h. Respeta los horarios de las otras familias, como a nosotros nos gusta que también se respeten.

5. El teléfono no irá contigo al colegio. Conversa con la gente con la que luego te mandas mensajes. Es una habilidad social.

6. Si se te cae a la bañera, al suelo o se rompe, tú eres el responsable de pagar la reparación. Debes tener ese gasto previsto.

7. No uses la tecnología para mentir o vacilar a nadie. No participes en conversaciones que pueden herir a otros. Sé un buen amigo o al menos aléjate de esas situaciones.

8. No envíes mensajes o correos ni contactes con gente con la que no lo harías en persona.

9. No converses por el teléfono móvil con las personas a las que no traerías a casa.

10. Nada de porno. Busca en internet información y compártela conmigo. Si tienes cualquier duda pregunta a alguien. Preferiblemente a tu padre o a mí.

11. Apágalo o ponlo en silencio cuando estés en público. Sobre todo en los restaurantes, cines o cuando estés hablando con una persona. No eres maleducado, no dejes que un teléfono cambie eso.

12. No envíes o recibas imágenes de las partes íntimas de nadie. No te rías. Algún día estarás tentado aunque seas muy inteligente. Es peligroso y puede arruinar tu

adolescencia. Es una mala idea. El ciberespacio es más grande y poderoso que tú. Y es difícil hacer que algo desaparezca, incluida la mala reputación.

13. No hagas fotos y vídeo de todo. No hay necesidad de documentar tu vida entera. Vive tus experiencias. Se almacenarán en tu memoria para siempre.

14. Deja de vez en cuando el teléfono en casa y siéntete seguro con la decisión. No es una extensión de tu cuerpo. Aprende a vivir sin él.

15. Descarga música nueva o vieja o diferente de la que escuchan millones de personas al mismo tiempo. Tu generación tiene acceso a más canciones de las que nunca nadie ha tenido opción antes. Disfruta la ventaja. Expande tus horizontes.

16. Los juegos de palabras, puzles o los de entrenamiento mental son los mejores.

17. Mantén los ojos abiertos. Mira el mundo que pasa a tu alrededor. Mira por las ventanas. Escucha a los pájaros. Da paseos. Habla con desconocidos. Pregúntate sin usar Google.

18. Si pierdes el rumbo te quitaré el teléfono. Nos sentaremos a hablar sobre ello y empezaremos de nuevo. Tú y yo estamos siempre aprendiendo. Estoy en tu equipo y estamos juntos en esto.

La adolescencia, un reto para educadores y educados

«Bendita enfermedad, la adolescencia.» Tal vez, más de uno de vosotros habéis escuchado esta frase en boca de Pedro, en alguna emisión del programa *Hermano mayor*. Si bien los casos con los que trata Pedro en televisión son muy extremos, seguro que muchos padres habéis bendecido o maldecido la etapa adolescente en algún momento.

Ironías simpáticas aparte, el período de la vida que va de los 11 o 12 a los 19 o 20 años (se han definido también la preadolescencia, entre los 9 o 10 años, y la postadolescencia, hasta los 22 años) marca la transición de la infancia a la adultez con una serie de cambios físicos, emocionales y sociales que se viven de manera muy intensa y trascendental.

La pubertad, en la que chicas y chicos ven cambiar sus cuerpos, produce inquietud porque se sienten inseguros por la impresión que causan en los demás. Estos son los años en que ellos forman también su propia identidad, diferenciada del núcleo familiar. Diferenciarse se traduce en vestirse y hablar a su manera y, también, en seguir sus propias normas. La opinión de los padres entra en competencia con la del grupo de amigos, su nuevo punto de referencia, y la confusión puede acarrear conflictos. Son vulnerables, indecisos, cambiantes y rebeldes, están en constante experimentación. Y eso no es en sí pernicioso, aunque tenemos que cuidarnos de que sepan que algunas de sus conductas pueden ser arriesgadas. Es la fase en la que los trastornos de alimentación (anorexia, bulimia...) pueden surgir, persiguiendo estéticas idealizadas; o en la que el alcohol y las drogas son una válvula de escape y desinhibición; o en la que tienen sus primeros contactos sexuales.

Ante este panorama, lo mejor es mantenernos tranquilos y evitar el alarmismo. En lugar de ponernos nerviosos, es el momento de seguir aprendiendo a enseñar, o a re-enseñar. Lo normal es que nuestros hijos duden y tropiecen en este y aquel tema, y lo que debemos transmitirles es que es natural, y que pueden contar con nosotros para aclarar sus dudas, como siempre. Los adolescentes que se han criado reforzados por sus padres en valores y con afecto, se muestran más seguros con su imagen y con su evolución de identidad.

Con todo, para los padres resulta desconcertante ver cómo lo que hemos construido en su infancia se esfuma por momentos durante la adolescencia. Lo que sucede es que ellos no tienen nuestra perspectiva a la hora de constatar las diferencias entre niñez y adultez. Todavía son niños y nunca han sido adultos, por lo que no saben con qué etapa identificarse. Nosotros sí lo percibimos con perspectiva y debemos ayudarles a encontrar su lugar en el mundo.

El pequeño problema reside en que ellos no se suelen dejar ayudar. Se oponen a las normas, pero tampoco proponen alternativas a ellas. Quieren ser fieles a su manera de ver la vida, que sienten como única y, sobre todo, contraria a todo lo que han aprendido hasta el momento. Contraria a sus padres. Cualquier bajada de cabeza ante una norma supone una derrota para ellos. ¿Cómo negociar la paz? Por suerte, las actitudes más radicales tienden a suavizarse cuando nuestro adolescente gana seguridad en sí mismo, ya que enfoca los asuntos de una forma más racional que emocional. En definitiva, nuestro papel conciliador se basa en un plan que abarca el diálogo, la comprensión, la empatía, el refuerzo de su autoestima y la información sobre posibles riesgos, para que puedan afrontarlos con autonomía y responsabilidad.

FOMENTEMOS LA INDEPENDENCIA Y LA RESPONSABILIDAD

Al adolescente de casa no hay que hacerle demasiado caso. Nos explicamos: no hace falta que magnifiquemos el sentimiento de incertidumbre que ya de por sí les tiene despistados. Se supone que somos los adultos y que sabemos qué significan sus contradicciones y sus cambios bruscos de comportamiento. No valen las burlas ni los reproches ni las etiquetas: los «No te enteras» o los «Estás equivocado» solo contribuyen a minar sus intentos de expresarse.

Nuestros hijos adolescentes se consideran el centro del universo. Se miran tan al detalle y aumentan con lupa lo que no les cuadra de sí mismos, que creen que todo el mundo se da cuenta justo de ese detalle. Lo mismo respecto a lo que admiran de sí mismos; piensan que son los mejores a los ojos ajenos. Como, además, viven un período álgido en su socialización, acusan más cualquier escrutinio del entorno. Los amigos son determinantes en la formación de la personalidad de nuestros hijos. Con ellos se relacionan de una forma diferente a la de los familiares, y son el nuevo punto de apoyo que compensa la ruptura con los padres, entendida por la relación que con ellos tenían como niños.

Los amigos también están pasando por lo mismo, así que entablan relaciones guiadas por la solidaridad, unida a otro valor, la amistad.

Los sociólogos destacan una peculiaridad en la socialización de los adolescentes de hoy, y es que se incorporan más tarde a las responsabilidades de la vida adulta (el trabajo, por ejemplo). En principio, están formándose —algo positivo—, pero esta particularidad traslada a los padres la necesidad de reforzar su sentido de la independencia y de la responsabilidad. Tenemos que continuar enseñándoles que en la vida se van a frustrar, y que pueden superarlo. Que no siempre van a estar bajo nuestro amparo. El hombre o mujer que sea nuestro hijo dependerá de las vivencias que le transmitamos ahora.

Por eso, tenemos que huir del coleguismo, de querer ser amigos de nuestros hijos, más que padres y madres. No se sentirán más cercanos ni identificados con nosotros porque utilicemos sus expresiones ni sus argumentos. Al contrario. Estamos ahí para ser sus educadores, para asegurarnos de que cumplan las normas, respeten los límites y sepan que las consecuencias existen. Como cuando eran pequeños, lo conseguiremos con **comunicación**.

Repetimos que no podemos pretender comunicarnos de manera efectiva con nuestro hijo adolescente si nunca antes lo hemos hecho, aunque no es imposible empezar en cualquier momento. También hemos mencionado que las personas comienzan a educarse en el valor de la empatía en la adolescencia, cuando su cerebro está lo suficientemente desarrollado para realizar las asociaciones y reconocer las emociones propias y ajenas. La **empatía** actúa como un gran elemento educador y se fomenta con nuestro ejemplo: si los padres nos contamos sensaciones, impresiones y sentimientos, los hijos nos imitarán, sabrán cómo hacerlo. Además, es fundamental que cuando se abran con nosotros, valoremos sus opiniones, les hagamos sentir que les comprendemos y que les respetamos pese a estar en desacuerdo, que seamos honestos y les mostremos cuándo sus palabras son positivas o pueden hacer daño.

Al poner en práctica actitudes empáticas, los chicos pueden asimilarlas al tiempo que aprenden a identificar sus emociones. Los chavales que sienten la confianza de comunicarse con su familia tienen menos problemas de **autoestima**. La valoración de los familiares, junto a la de sus amigos y su capacidad académica en la escuela, contribuye a la estabilidad emocional del adolescente, a que esté más motivado y a que aprenda a tolerar los fracasos y las dificultades.

Mejoramos la autoestima de nuestros hijos gracias al refuerzo positivo, a saber exigirle según sus limitaciones, a no compararle ni minusvalorar su esfuerzo y a animarle para que pruebe actividades que le pueden satisfacer.

Los jóvenes con buena autoestima también son más conscientes de lo que les conviene y de lo que no; es más fácil que entiendan que existen conductas que les pueden perjudicar, y que los padres no siempre estaremos ahí para protegerles. Así como les hemos asignado responsabilidades desde pequeños, ahora tendrán que asumir otras nuevas con el fin de que aprendan a caminar solos. Es cierto que al principio quizá les cueste, pero debemos tener en cuenta que están aprendiendo.

El valor de la **responsabilidad** se inculca con pautas como:

- Pidiéndoles opinión en las decisiones de casa (las que se adapten a su edad).
- Dándoles a elegir varias opciones y enumerando juntos los pros y los contras para poder decidir.
- Enseñándoles habilidades sociales, a saber cómo decir «no» sin sentirse culpable ni rechazado por un grupo, si los demás beben y el chico o la chica prefiere evitarlo, por ejemplo.
- No prohibiendo, sino razonando. Lo que se prohíbe se desea más, no lo olvidemos. Más que prohibir o escandalizarnos, debemos informar sobre los peligros y las bondades de ciertos comportamientos, si queremos conservar la credibilidad.
- Valorando su participación en las tareas y actividades del hogar.

La capacidad de ser responsable y de sentirse valioso no se educa ni a la primera ni a la segunda, sino que son necesarias varias situaciones para que el adolescente la asimile. Con este bagaje, quizá resulte menos probable que ceda o corra riesgos innecesarios.

Hablemos de drogas y otras situaciones y/o conductas de riesgo

Es sobre todo entre los 13 y los 15 años cuando los hijos desafían a los padres. Los mayores ya no poseen la verdad absoluta y, por tanto, no hay que obedecerles sí o sí. A estas edades se evidencia también la calidad de la comunicación entre padres e hijos. Si hemos trabajado en pos de este entendimiento, tendremos puntos ganados, lo que no significa que todo vaya sobre ruedas. Seguimos aprendiendo a enseñar, ampliando el abanico de valores y capacidades para los jóvenes de casa, como hemos explicado en el apartado anterior.

A mejor comunicación, mejor ayudaremos a nuestro adolescente a afrontar tanto los **riesgos no elegidos** como los que sí decide asumir, las **conductas de riesgo**. Frente a unos y a otros, lo primero que cabe destacar es que los padres sobreprotectores, los que desde que los niños son pequeños no les han dejado ni gatear solos (por exagerar), no han criado a niños conscientes de que la vida entrañe peligros ni adversidades, de modo que estos pequeños que ahora son adolescentes desconocen lo desagradable o mala que puede llegar a ser una experiencia.

No obstante, es propio de estas edades experimentar y nuestros hijos, sin excepción, están expuestos a conductas de riesgo como:

- **El consumo de drogas** legales (alcohol, psicofármacos, tabaco) e ilegales (marihuana, hachís, cocaína, heroína y drogas de diseño). Las drogas proporcionan placer, desinhibición y la sensación de sentirse poderoso y sin temor a nada. Por supuesto, los efectos son temporales, y la adicción a estas sensaciones y a las sustancias químicas en sí supone una preocupación evidente.*

---

*Un vídeo interesante en el canal YouTube de Pedro:
www.youtube.com/watch?v=dA-BVpom3Tc
«¿Cómo prevenir el contacto con las drogas?»

Este es uno de los varios clips en su canal que intentan dar luz sobre el tema de las adicciones o consumo esporádico de drogas. Pedro, que ha tenido una vivencia en primera persona, se dedica a asesorar profesionalmente sobre esta cuestión. Aquí responde a las dudas planteadas por telespectadores del programa *Hermano mayor*, y se refiere a la autoestima, a saber decir que no, a diferenciar entre ser aceptados por el grupo de amigos por lo que se es y no por si no se consume a pesar de que todos lo hagan, y a que los chavales sean conscientes de los riesgos que corren.

- **Conducir**, sobre todo bajo los efectos del alcohol o los estupefacientes.
- **Practicar sexo** sin protección, o ser víctimas de acoso o maltrato sexual. En este tema, la información es esencial. Los chicos deben saber que el deseo sexual es natural, y que tienen el derecho de negarse a mantener relaciones de cualquier naturaleza sin que eso

les quite valor. Tenemos que ser un modelo en cuestiones de sexualidad y mostrarles que el respeto prima. Tienen que ser conscientes de lo que implica un embarazo no deseado o una enfermedad de transmisión sexual, y cuáles son los métodos anticonceptivos.

Como repasamos en el próximo capítulo, los adolescentes con un bajo autoconcepto y nivel de autoestima, reaccionan peor ante estas conductas de riesgo, al igual que ante otras situaciones que constituyen una presión en su vida, como el rendimiento escolar y su valía.

7

El fracaso escolar y el talento

Aprender es descubrir que algo es posible.

FRITZ PERLS

CAUSAS Y POLÉMICAS

Los niños no son vagos por naturaleza. Ni incapaces de concentrarse sin más. El bajo rendimiento en el colegio, en boca de todos como «fracaso escolar», no es un rasgo de la personalidad, sino un problema generado por desajustes que debemos averiguar y solucionar. Si un niño o un adolescente suspende sistemáticamente, odia ir a clase o se niega a estudiar, no hablamos de pereza. Algo pasa. Cuanto antes detectemos qué desequilibra a nuestros hijos, antes les evitaremos la angustia o la rabia que les produce no sentirse válidos en los estudios. Al repetirle que es vago o inútil, nuestro hijo acaba por creerlo y tira la toalla. El fracaso escolar es, en este sentido, un motivo de baja autoestima. Tenemos que esmerarnos en valorarle cualquier esfuerzo, en aplicar el refuerzo positivo.

Cierto es que algunos niños presentan trastornos de aprendizaje que les complican el funcionamiento cotidiano en el colegio, de ahí que sea primordial determinar si padecen alguno de estos trastornos. En las escuelas, ya se han elaborado y se implementan protocolos para detectarlos. Si sospechamos y nos lo confirman desde el centro escolar, los padres debemos acudir con el niño a un psicopedagogo, quien hará el diagnóstico correspondiente y aportará las pautas de tratamiento.

Sin embargo, la mayoría de los casos de fracaso escolar no están asociados a trastornos de aprendizaje diagnosticados, sino a otras causas, que podríamos clasificar así:

- **Cuando un alumno con buenas capacidades** que a lo largo de la educación primaria va aprobando gracias a estar atento en clase y haciendo los deberes con el mínimo esfuerzo. Con esto le basta para aprobar con buenas notas. ¿Qué ocurre bajo esta aparente buena marcha? Pues que el niño no adquiere un hábito de estudio, ya que con mantenerse más o menos atento en clase consigue buenas calificaciones. Entonces, llega un momento en que esto se acaba, en que no es capaz de aprobar con el mínimo esfuerzo y, como no tiene hábitos de estudio, comienza a suspender. Este tipo de fracaso escolar se gesta en educación primaria y se manifiesta en educación secundaria. Por eso, los padres debemos inculcar en nuestros hijos hábitos de estudio desde pequeños para evitar el fracaso escolar en la educación secundaria. (En el apartado de p. 154 enumeramos técnicas de estudio.)

- **El caso del alumno muy trabajador y con ciertas dificultades de aprendizaje**, que invierte muchas horas en estudiar, incluso acompañado por unos familiares muy comprometidos que le dedican muchas horas sacrificando la vida familiar, que pasa fines de semana sin salir, y que se priva de otras actividades necesarias para su maduración. Los padres consultamos su agenda, llamamos a compañeros para saber qué deberes tiene nuestro hijo. No le ayudamos a resolver las dudas, se las resolvemos directamente nosotros...

  A pesar del esfuerzo, no hay reflejo en las calificaciones escolares y padres e hijos se frustran. La relación familiar se va deteriorando y se traduce en conflictos, mal ambiente en casa o en tiranías o chantajes emocionales poco adecuados para educar.

  Aquí distinguimos un trastorno de conducta, propiciado por unos padres sobreprotectores y muy preocupados por los resultados académicos. Como padres, debemos ayudar a nuestro hijo a que resuelva por sí mismo sus problemas o dudas, y no hacerlo nosotros. Esta falta de autonomía de los niños alimenta una baja autoestima e incapacidad para afrontar las situaciones adversas que va a tener a lo largo de su vida. De ahí la frustración que le genera rabia, y esta rabia deriva en violencia.

- **El alumno cuyos padres son despreocupados**. El fracaso escolar comienza en el ciclo medio de educación primaria, cuando la autonomía del niño debería manifestarse, y también cuando se produce un salto cualitativo de la herramienta de la comprensión lectora.

¿Cómo detectar las carencias? ¿Cuáles pueden ser los signos de alarma? Las notas escolares son una gran fuente de información. En especial, los comentarios que el profesor suele añadir en el boletín de las clasificaciones nos dan pistas interesantes. Las frases que mejor resumen si puede haber un problema son de este estilo: «Le cuesta mantener la atención», «Se distrae con facilidad», «Molesta a los compañeros», «No acaba el trabajo», «Tiene problemas de comprensión lectora, aunque al final la calificación sea de suficiente», «Debe leer más», «Comete muchas faltas de ortografía», «Muestra dificultades en las tablas de multiplicar o en los automatismos», y en informes de educación infantil «No aprende los colores».

Ellos tienen sus deberes, y los padres tenemos los nuestros: nos toca supervisar sus estudios, estar lo suficientemente presentes para que cuenten con nuestra ayuda en sus tareas, pero sin completarlas nosotros.

TÉCNICAS DE ESTUDIO: CUESTIÓN DE ASENTAR HÁBITOS

La Fundación Piquer ha preparado para su colección «Síntesis» unas excelentes directrices para enseñar a estudiar. Engloban todos los elementos del estudio: el ambiente adecuado, el plan, el método de aprendizaje, las técnicas de memorización, los apuntes y cómo enfocar un examen.

Cada una de estas directrices se va incorporando a la rutina con la práctica diaria hasta que conseguimos incorporarlas como hábito. Para los hábitos, que incluyen el sueño, la higiene, la alimentación o el orden, no nacemos enseñados, por eso necesitamos guiar a los niños desde pequeños en sus actividades, para que sean personas autosuficientes. Estudiar, o mejor dicho, estudiar bien, es un hábito, y estas son algunas nociones para adquirirlo de manera efectiva:

- EL LUGAR. Tanto en casa como en el colegio, el espacio debe ser silencioso, estar limpio, ordenado y ventilado (entre 20 y 22 °C). Es recomendable que tenga luz natural y que esta llegue por la izquierda (o por la derecha, si el niño es zurdo). No caben las distracciones: ni teléfonos, ni tablets, ni revistas o cómics (etc.). La silla debe ser cómoda y ergonómica, con el respaldo recto y la altura justa para que los pies de nuestro hijo toquen el suelo. La distancia de lectura y la posición importan: deben mantenerse rectos y leer desde un mínimo de 30 cm del papel o de la pantalla. La cama, el sofá y la televisión no son buenos compañeros para el estudio, por lo que los evitaremos como mesa. En clase, prima la atención y la puntualidad, junto a una actitud receptiva. Se deben tomar apuntes que repasarán en casa. Al atender en clase, el trabajo de casa se agiliza.

- PLANIFICAR. Se empieza por lo que requiere más esfuerzo y atención, y se deja lo más fácil para el final del tiempo de estudio, que es cuando los chicos están más cansados. Es básico dedicar unos minutos a descansar (5 minutos × hora trabajo). En el descanso, es mejor no hacer nada que divierta en exceso o será complicado volver a concentrarse. El plan de estudio puede incluir las siguientes variables:

  - Organizar el horario diario y semanal de actividades.
  - Fijar el momento del día para estudiar.
  - Marcar objetivos realistas y a corto plazo.
  - Que sea acorde a los horarios y asignaturas del colegio.
  - Podemos hacer cambio de materia o actividad cada hora u hora y media.
  - El tiempo de estudio se ajustará a la edad del niño.

- TOMAR APUNTES. No se trata de copiar todo lo que dice el profesor, solo los puntos más importantes y las ideas, en frases cortas y claras. Se pueden usar abreviaturas, títulos, signos de puntuación. Numeramos las páginas y ponemos las fechas de las clases. Los apuntes sirven para la primera fase de estudio.

• APRENDER. Con todo el material disponible, comenzamos por una lectura general para hacernos una idea de la extensión y un esquema mental de los apartados y del tema global. Después, leemos con atención, buscamos conceptos que no entendemos y anotamos su significado al margen, y subrayamos lo más importante (subrayarlo todo es contraproducente porque deja entrever que no se distinguen las principales ideas). Los esquemas y resúmenes propios que hacemos a partir de la lectura sirven para comprender la materia y recordar los puntos clave, además de para repasar en días consecutivos. El siguiente paso consiste en hacer una exposición de contenidos para uno mismo, también en voz alta si se prefiere. Las técnicas de memorización contribuyen a interiorizar los contenidos de nuestros resúmenes. Es importante que los niños sepan que este proceso no les va a salir bien a la primera, y que tienen que repetir día a día esta dinámica.

• MEMORIZAR, en el sentido de ejercitar la memoria y de asimilar la información, y no de recitar sin entender lo que hemos leído. Es primordial comprender los textos y concentrarse, además de repasar contenidos cada cierto tiempo. A esto, hay que sumarle que:

  – Lo que mejor recordamos es lo que estudiamos antes de dormir porque, durante el sueño, el cerebro fija todo lo que hemos aprendido a lo largo del día. De ahí que la falta de sueño no convenga al estudiante.

– Debemos espaciar la revisión de contenidos similares para no confundirlos.

– La imaginación nos ayuda a recordar: construir historias con los elementos de la información, componer un poema o una canción que los incluya, o una frase, o un acrónimo, o una imagen... Al acordarnos de estas formas personalizadas, los contenidos nos vendrán también a la mente.

• ¿HAY EXAMEN? Pues se repasa la lección dos días antes, de forma programada. Si se ha estudiado regularmente, es cuestión de refrescar los contenidos con los esquemas y resúmenes. Los chavales deben dar más importancia al esfuerzo que al resultado, pues de esta manera se sentirán más seguros porque han estudiado y menos ansiosos por la calificación. Durante el examen, no hay que precipitarse. Se leen con detenimiento las preguntas y se escuchan las indicaciones del profesor. Para cada pregunta, se plantea un pequeño esquema con los puntos que se tratarán, y se empieza por la más difícil, para acabar con la sencilla. Se cuida la ortografía y se repasa antes de entregarlo.

Un lema: si estudiamos de forma inteligente, ganamos tiempo, energía y motivación.

Cómo motivarles

Hemos dicho que el fracaso escolar es amigo de la baja autoestima. En la adolescencia, en muchas ocasiones, este pobre concepto de ellos mismos va ligado al consumo de drogas y al mal comportamiento. En ese contexto, solemos oír que los chavales «están desmotivados» o, algo que suena mucho peor: que no tienen talento, que «no serán nada en la vida».

Estas frases son puro veneno para la motivación. La investigadora y psicóloga Carol S. Dweck, que es una autoridad en el estudio de la motivación, ha demostrado que las capacidades y conocimientos de una persona, sobre todo en relación a cómo reacciona ante el fracaso, dependen de lo que cree, de lo que piensa de sí mismo y del mundo que le rodea. Si una persona cree que puede mejorar, la amplitud de la señal cerebral que detecta el error aumenta. Su cerebro conspira para que mejore. Querer es poder, y creer es poder.

Esta consideración pone en entredicho el que estemos destinados al éxito o al fracaso porque somos genéticamente más o menos inteligentes. Para Dweck, existen dos tipos de disposición mental ante el éxito: la prefijada o la de crecimiento. Los que optamos por el crecimiento solemos ver en las dificultades una oportunidad para mejorar, mientras que los que se conducen por una mentalidad prefijada piensan que aun esforzándose, nada cambiará, porque su capacidad es la que es, limitada. Y así ¿para qué esforzarse?

Algunas de las recomendaciones de la doctora Carol S. Dweck, recabadas de sus estudios durante treinta años en su libro *La actitud del éxito*,* animan a los padres a estimular lo positivo en sus hijos:

- Tenemos que estar muy atentos a los mensajes que les enviamos sobre su predisposición mental.
- Es preferible elogiar el esfuerzo a elogiar inteligencia o talento.
- En vez de recriminar, excusarles o etiquetarles, debemos criticarles de forma constructiva y explicarles cómo solucionar el problema.
- Debemos ayudar a nuestros hijos a convertirse en la mejor versión de ellos mismos, y no nos cansemos de felicitarles por ser buenas personas ni de decirles que les queremos por eso y otros valores, y no por ser mejores que nadie.

Por la parte que les toca a los profesores, el lenguaje que emplean para orientar al alumno es importantísimo. Es mejor que el niño se vea recompensado por su esfuerzo y no por ser listo (o reprochado por ser menos listo). Estas clasificaciones marcan a la persona y afectan al aprendizaje. Citando también a la doctora Dweck, para obtener resultados educativos satisfactorios hay que enseñar que es más útil saber aprender de los errores que tener un coeficiente intelectual determinado per se. La sociedad perpe-

* Ediciones B, Barcelona, 2007.

túa la creencia de que quien se equivoca es tonto, pero por suerte cada vez se va abriendo camino la idea de que la inteligencia emocional (la actitud, más allá de la aptitud) contribuye a gestionar y a mejorar con los problemas de los estudios y de la vida.*

---

*Un vídeo interesante en aprenderaeducar.org
«Si nunca has fracasado»

¿Sabíais que los Beatles, Michael Jordan, Walt Disney, Abraham Lincoln o Thomas Edison fueron vistos como fracasados en algún momento? Si nunca has fracasado, nunca has vivido.

CADA CUAL TIENE SU TALENTO Y LO BONITO ES AYUDAR A DESCUBRIRLO

El físico alemán Albert Einstein, como los personajes del vídeo, tampoco tuvo una vida de color de rosa. Era un hombre inteligentísimo, y también un incomprendido, que es lo que sucede cuando cambias el paradigma imperante. Sus ideas no solo mueven el mundo hoy en muchos campos, sino que concuerdan con la mentalidad de los expertos de la inteligencia emocional. Einstein se anticipó a casi todo.

Alguien considerado loco y genio a la vez pensaba lo que queremos explicar en este apartado:

> Todo el mundo es un genio. Pero si juzgas a un pez por su habilidad para trepar árboles, vivirá toda su vida pensando que es un inútil.

Ser inteligente no es saber de números, ni de letras, ni siquiera es saberlo todo: es buscar aquello que nos gusta y que podemos desarrollar al máximo. Cada uno tenemos nuestros talentos. En este sentido, podemos mencionar a otras personalidades que apoyan esta tesis. El psicólogo y psicoanalista Erich Fromm enfocó la educación como la búsqueda del talento personal. Afirma que educar es ayudar al niño a darse cuenta de su potencial, y que el término «educación» procede del latín *e-ducere*, que significa «conducir desde» o «extraer el potencial».

Sir Ken Robinson, experto en educación del que os hemos hablado, denomina a este potencial el «elemento o punto de encuentro entre las aptitudes naturales y las inclinaciones personales». Robinson critica la educación tradicional porque reprime la motivación innata a aprender. De él parte la observación de que es un error categorizar las asignaturas y separar ciencias y letras, o de que los sistemas de calificación y los programas hacen a todos los alumnos cortados por el mismo patrón.

En los colegios, por desgracia, se evalúan los conocimientos generales, pero no se incentiva la creatividad. Si no hay espacio para la imaginación, los niños y los adolescentes se aburren y se sienten como un mueble más. Hasta las actividades extraescolares pueden resultar contraproducentes si no escuchamos a nuestros hijos y les permitimos desarrollar esas inquietudes que nos cuentan.

Además, la creatividad es el motor de la improvisación, e improvisar es una herramienta extraordinaria para salir indemnes de muchas situaciones incómodas o de crisis en nuestra vida, ¿verdad? Crear es también una manera de dar rienda suelta a sentimientos y emociones.

En definitiva, conozcamos a nuestros hijos, animémosles a jugar, a crear, a ser ellos mismos, con sus originalidades. Todos estamos superdotados para algo y se trata de descubrir para qué a través de la educación. Un dato importante a tener en cuenta, para que no lo olvidemos: la creatividad es puro método. Se aprende a ser creativo como se aprende a leer. Cuando tocamos nuestro elemento, la motivación resurge y podemos comernos el mundo. Aptitud + actitud = niños felices.

8

Reflexión final

Lo maravilloso de aprender algo es que nadie puede arrebatárnoslo.

B. B. King

El sentido común a la hora de educar

La educación es un camino, pero alguna vez, porque estamos cansados, porque también nos suceden cosas que nos
desequilibran o nos preocupan, nos salimos de él. Entonces gritamos, nos saltamos la norma o nos excedemos con
las sanciones. Eso no significa que eduquemos mal. Somos
personas, no robots.

Si recorremos juntos ese camino, nuestros hijos crece-
rán bien, aunque un día nos confundamos, como todo el
mundo. Si día sí, día no, cambiamos de camino, ellos se
perderán. Es, como se suele decir, de sentido común.

Aunque si entendemos el sentido común como el menos común de todos los sentidos, se nos hace difícil describir cómo habría que utilizarlo a la hora de educar. Sin

embargo, pensamos que si a la hora de plantearnos la educación de nuestros hijos nos marcamos como objetivos que sean capaces de valerse por sí mismos, que se conviertan en buenas personas, que sean solidarios y tengan la capacidad de manejar la frustración... entonces aparecerá el sentido común y volveremos a poner en el mapa aquellas cosas que nuestros mayores pensaron como válidas en el momento de educarnos:

- Poner normas y límites.
- Enseñar que las cosas se consiguen con esfuerzo.
- Mostrar la cruda realidad de cómo funciona el mundo.
- Enseñar con amor que las cosas no van a ser siempre como nosotros queramos.
- Asimilar que es mejor proteger que sobreproteger: «Si te protejo, te capacito; si te sobreprotejo, anulo tu capacidad de darte cuenta por ti mismo de los peligros y de tu valía para superar adversidades».

Podríamos resumirlo todo en una frase: **les damos a nuestros hijos lo que nosotros no tuvimos y nos olvidamos de darles lo que tuvimos.**

Pero, por supuesto, TODO se educa, ya lo sabéis. Esperamos que este libro os eche una mano en el trabajo más importante de vuestra vida, el de ejercer de madres y padres. Gracias por leernos.

D<small>IEZ CLAVES DE LA EDUCACIÓN PARA HACER DE NUESTROS</small>
<small>HIJOS PERSONAS FELICES</small>

Os dejamos este esquema y un breve decálogo de lo que hemos destacado a lo largo del libro:

Decálogo

1. **EDUCAR NO ES UNA CIENCIA, ES UN ARTE**
    Si queremos prevenir que nuestros hijos tengan problemas de comportamiento, los padres tenemos que estar sensibilizados sobre la importancia de las pautas educativas.

2. **LA SOCIEDAD DE LA INFORMACIÓN Y DEL CONSUMO NO SE CORRESPONDE CON UN SISTEMA EDUCATIVO DESFASADO**
    Padres y profesores no vamos a una para recuperar el

valor del esfuerzo, mientras que los niños piensan que en la vida todo les resultará tan fácil como en casa y en el colegio, donde les toleramos todo y les exigimos poco.

3. LOS NIÑOS TIENEN DERECHOS, PERO TAMBIÉN OBLIGACIONES

Lo comprobaréis en el Código Civil, y también a diario: chavales que saben respetar y comportarse son chavales que saben socializar.

4. LOS PADRES AUTORITARIOS, SOBREPROTECTORES, MANIPULADORES O DESPREOCUPADOS NO EDUCAN

Debemos aspirar a ser unos padres empáticos y fortalecedores, que escuchan, felicitan y saben decir «NO».

5. ES BÁSICO ENSEÑAR VALORES Y ES NECESARIO AYUDAR A QUE APRENDAN A TRAVÉS DE LOS VALORES

Esfuerzo, solidaridad, amistad, gratitud, tolerancia, perseverancia... Sin ellos no somos personas ni podemos relacionarnos con otras personas de una manera satisfactoria. Sin ellos, tampoco podemos afrontar la frustración ni gestionarla para poder superar las dificultades.

6. EDUCAR SUPONE PONER NORMAS Y LÍMITES, DEFINIR LAS CONSECUENCIAS Y ELOGIAR LO POSITIVO DE LOS HIJOS

Educar a un niño es como tener a un pájaro entre manos: hay que apretar lo justo para que no escape y para no asfixiarlo. Convivimos, y por ello necesitamos un orden, saber qué está bien y qué está mal, que nos perderemos algo si nos excedemos, y que nos sentiremos a gusto con nosotros mismos si respetamos las normas.

7. LA COMUNICACIÓN ES EL CAMINO EN LA BUENA EDUCACIÓN

Aprendamos a dialogar, a no gritar, a escuchar activamente a los chicos. Que se sientan parte activa de la familia, que sepan que sus padres son su punto de referencia y de afecto.

8. CASTIGO NO, CONSECUENCIA. PREMIO NO, REFUERZO POSITIVO

Si les damos a nuestros hijos los peces, nunca aprenderán a pescar, ¿cierto? Pues entonces, démosles la caña de pescar. Cuando se equivoquen, expliquemos cómo mejorar y pongamos sanciones acordes a su falta. Y cuando cumplan, elogiemos su valía.

9. LOS ADOLESCENTES NECESITAN COMPRENSIÓN Y DIRECCIÓN

La adolescencia es una fase intensa de cambios en la que los padres tendríamos que acompañar y no cuestionar ni reprender por norma. Cuanto mejor eduquemos en la responsabilidad, más seguros de sus actos y emociones estarán los chavales.

10. EL FRACASO ESCOLAR NO ESTÁ ÚNICAMENTE RELACIONADO CON UN TRASTORNO DE APRENDIZAJE

Los niños no son tontos o listos. Los niños sienten, se desmotivan, se confunden. Si tenemos pistas de que algo les pasa y eso se refleja en los estudios, debemos ponernos manos a la obra con técnicas para estudiar y estimulando su creatividad. El índice de trastornos de aprendizaje es menor de lo que se cree. Lo que se necesita es amor y educación.

Agradecimientos

Agradezco a todas las personas que se han esforzado en darme una buena educación y que han formado parte de ella: mis padres, mis hermanas, mis familiares, mis entrenadores, mis amigos, mis profesores, mis jefes, mis compañeros de equipo y selección, etc. Todos ellos, con sus errores y sus aciertos, han hecho de mí la persona que soy ahora.

Especialmente quiero agradecer a Francisco Castaño la oportunidad de compartir este proyecto con él y muchas horas de vivencias inolvidables que hacen que cada día que pasa le admire más a nivel personal y profesional.

No quiero olvidarme de mis hijas, las cuales son el sentido de mi existencia y las que sufren mis capacidades, pero sobre todo mis incapacidades como padre. Gracias peques, ¡¡os adoro!!

PEDRO GARCÍA AGUADO

Quisiera agradecer a Pedro su dedicación en nuestro proyecto aprenderaeducar.org y sobre todo el porqué y cómo comenzó todo. Eres grande, amigo.

FRANCISCO CASTAÑO MENA

El papel utilizado para la impresión de este libro
ha sido fabricado a partir de madera
procedente de bosques y plantaciones
gestionados con los más altos estándares ambientales,
garantizando una explotación de los recursos
sostenible con el medio ambiente
y beneficiosa para las personas.
Por este motivo, Greenpeace acredita que
este libro cumple los requisitos ambientales y sociales
necesarios para ser considerado
un libro «amigo de los bosques».
El proyecto «Libros amigos de los bosques» promueve
la conservación y el uso sostenible de los bosques,
en especial de los Bosques Primarios,
los últimos bosques vírgenes del planeta.

Papel certificado por el Forest Stewardship Council®